キミのお金はどこに消えるのか

Where Does Your Money Go?

令和サバイバル編

井上純一

by JUNICHI INOUE

企画協力：アル・シャード
監修：飯田泰之（明治大学准教授）

角川書店

キミのお金はどこに消えるのか 令和サバイバル編　目次

第1回　不動産で儲けるには…… 1

第2回　給料を上げる方法を考える 15

第3回　世界は失笑!?　日本の経済政策 31

第4回　日本は将来必ず財政破綻する 45

第5回　バーゲンセールの正体とは? 61

第6回　大テーマ「生産性向上」に迫る 71

第7回　個人の貯金は不幸に耐える力 87

第8回　世界を二分する「市場」の戦い 101

第9回　なぜ消費税はなくならないのか 117

第10回　お金で豊かになる方法とは 131

あとがき　消費税増税しても生き残るサバイバル術 147

第1回

不動産で儲けるには……

北朝鮮との
国境にある中国の
丹東《タンドン》という町デスケド
橋《はし》の向《む》こう
北朝鮮《きたちょうせん》
トランプさんと
北朝鮮エライ人
会てから……
戦争《せんそう》終《お》わるど～!!
丹東の不動産
103%上昇
しまシタ
UP
買《か》えー
買《か》えー
2カ月で
2倍!?
あんまり上昇したダカラ
今は抽選《ちゅうせん》当たらないと
取引できないよう
シテマス
うぶー
あ 国家が
介入したのね……
スンゲ～
しかし……なんで
そんなに詳しいの?
103%とか…
お母さんが丹東に
部屋持てる
ダカラ
母
ええええええ
3
昔 3番目のお姉さん
丹東で店やってて……
その様子見に行くため
買いマシタヨ
昔は10万元ぐらいで
安かたから買たテ
ホテルより安《やす》いテ
おおお…
今《いま》は人《ひと》に
貸《か》してマスヨ
なんで不動産
興味アリマス!!
ワタシも
儲《もう》けたいデス!!!
ゲッゲッ
ド

※2018年8月時点

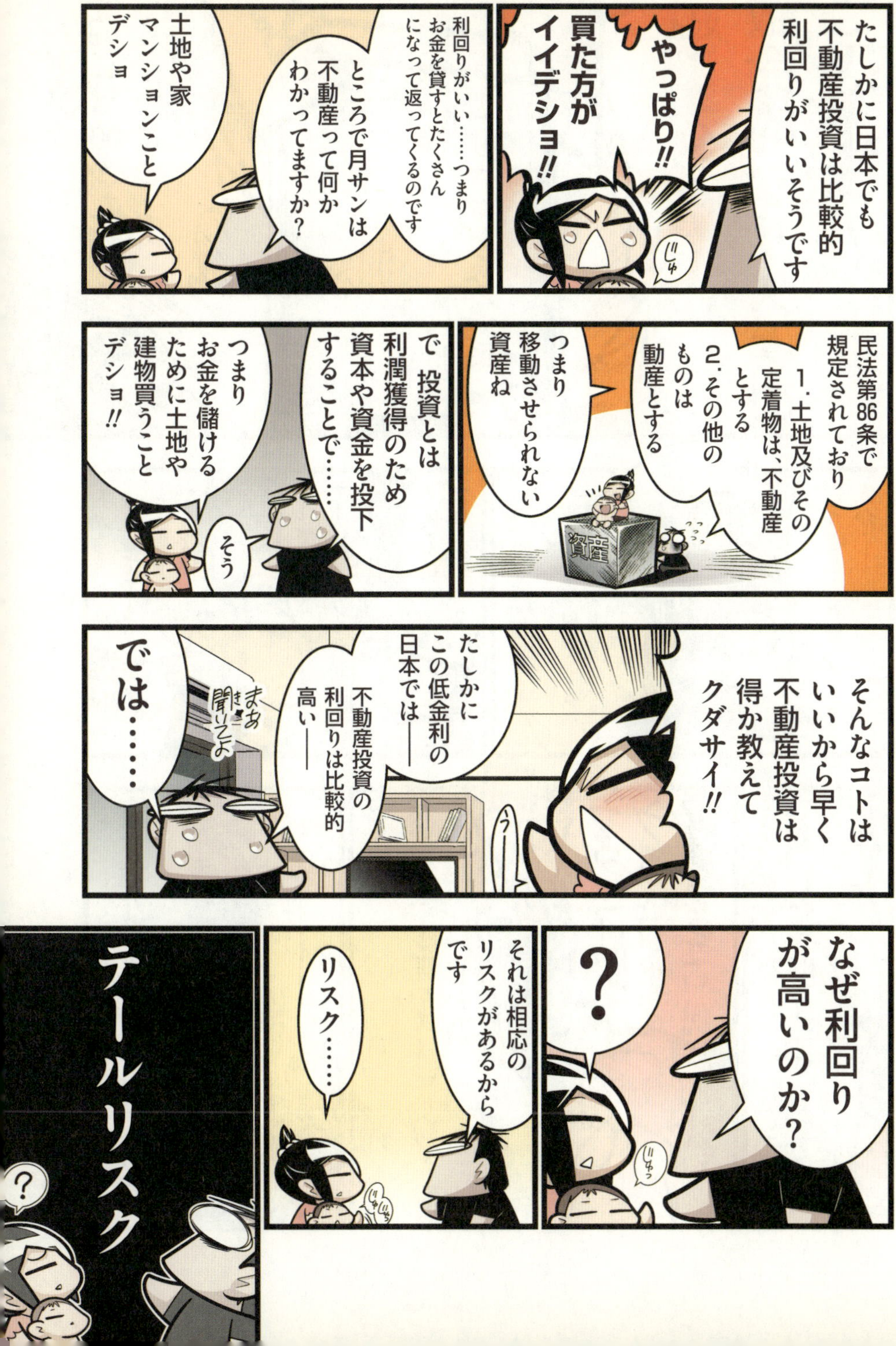
たしかに日本でも不動産投資は比較的利回りがいいそうです
やっぱり!!
買た方がイイデショ!!
利回りがいい……つまりお金を貸すとたくさんになって返ってくるのです
ところで月サンは不動産って何かわかってますか?
土地や家マンションことデショ
民法第86条で規定されており
1．土地及びその定着物は、不動産とする
2．その他のものは動産とする
つまり移動させられない資産ね
資産
で 投資とは利潤獲得のため資本や資金を投下することで……
つまりお金を儲けるために土地や建物買うことデショ!!
そう
そんなコトはいいから早く不動産投資は得か教えてクダサイ!!
うー
たしかにこの低金利の日本では――
不動産投資の利回りは比較的高い――
では……
まあ聞きなよ
なぜ利回りが高いのか?
?
それは相応のリスクがあるからです
リスク……
テールリスク
?

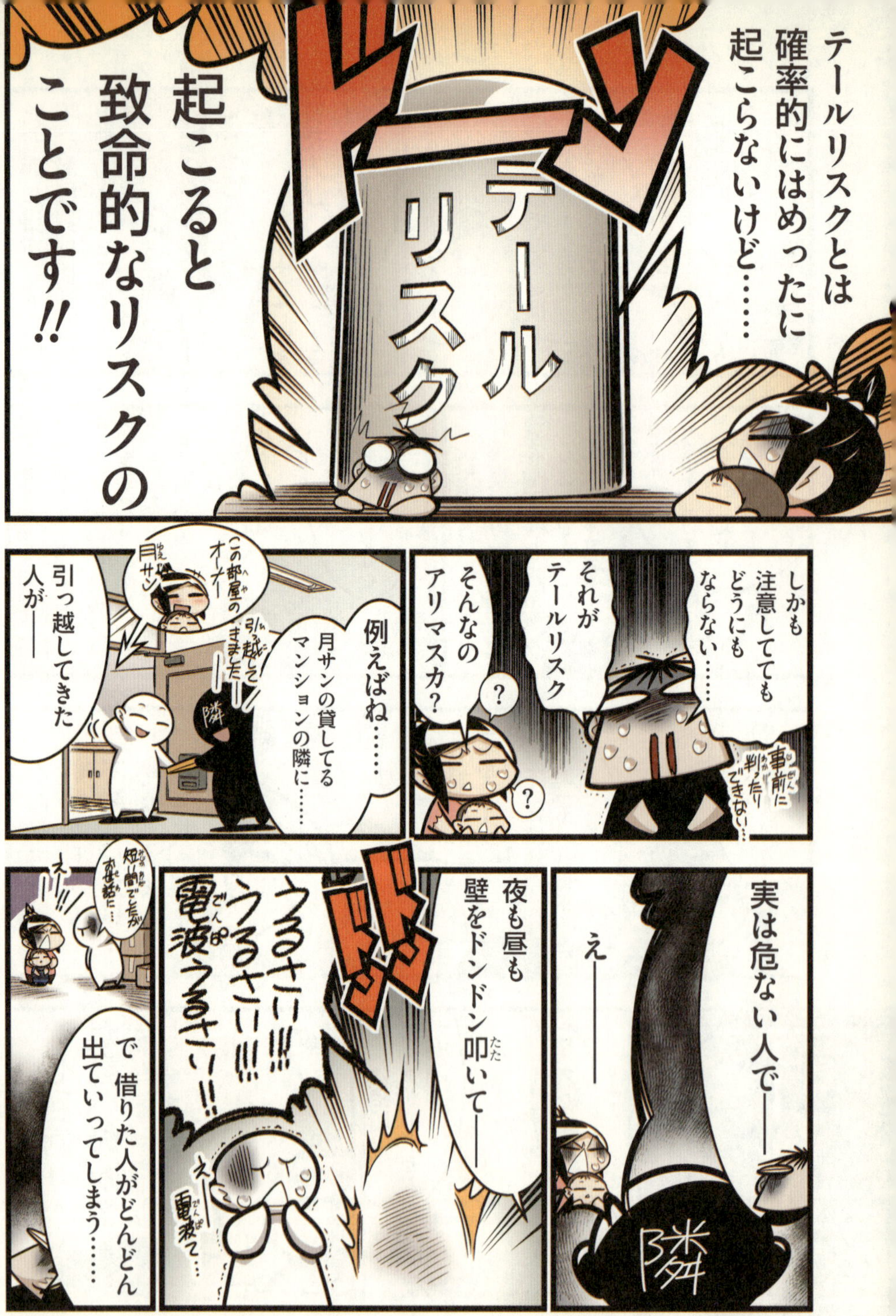
テールリスクとは
確率的にはめったに
起こらないけど……
ドーン
テールリスク
起こると
致命的なリスクの
ことです!!
しかも
注意してても
どうにも
ならない……
事前《じぜん》に
判《わか》ったり
できない…
それが
テールリスク
そんなの
アリマスカ?
?
?
例えばね……
月サンの貸してる
マンションの隣に……
引《ひ》っ越してきました
隣
この部屋《へや》のオーナー
月サン
引っ越してきた
人が――
実は危ない人で――
え――
隣
夜も昼も
壁をドンドン叩《たた》いて――
ドンドン
うるさい!!!
うるさい!!!
電波《でんぱ》うるさい!!
え―
電波《でんぱ》て…
え―!!
短《みじか》い間《あいだ》でしたが
お世話《せわ》に…
で借りた人がどんどん
出ていってしまう……

で 借り手がつかなくなって……
あ〜
家賃でローン払おうと思ってマシタのに……
このままでは破産デス……
これは困りマスネ……
ブーッ
またはもっと簡単に……
死者が出る
え——
日本では自殺とか老人の孤独死とかが出た物件は——
『事故物件』とされて……
もんのすごく価値が落ちちゃう
うー
中国も同《おな》じデスヨ
なんで日本は保証人のいない老人はすんごく部屋が借りにくいんだよ
大家は孤独死が怖いから
NO!!
よく家を買うのと賃貸どっちが得かって話題になるけど……
結婚しない人や子供のいない夫婦ほど
家を買った方が得です
ヨロシクね
スリスリ
ぷ?
子《こ》がいる人《ひと》は保《ほ》証人《しょうにん》になってもらえるからね…
テールリスク怖いデスネ〜
これ避けるできないデスカ?
実は……
…
できる
え?

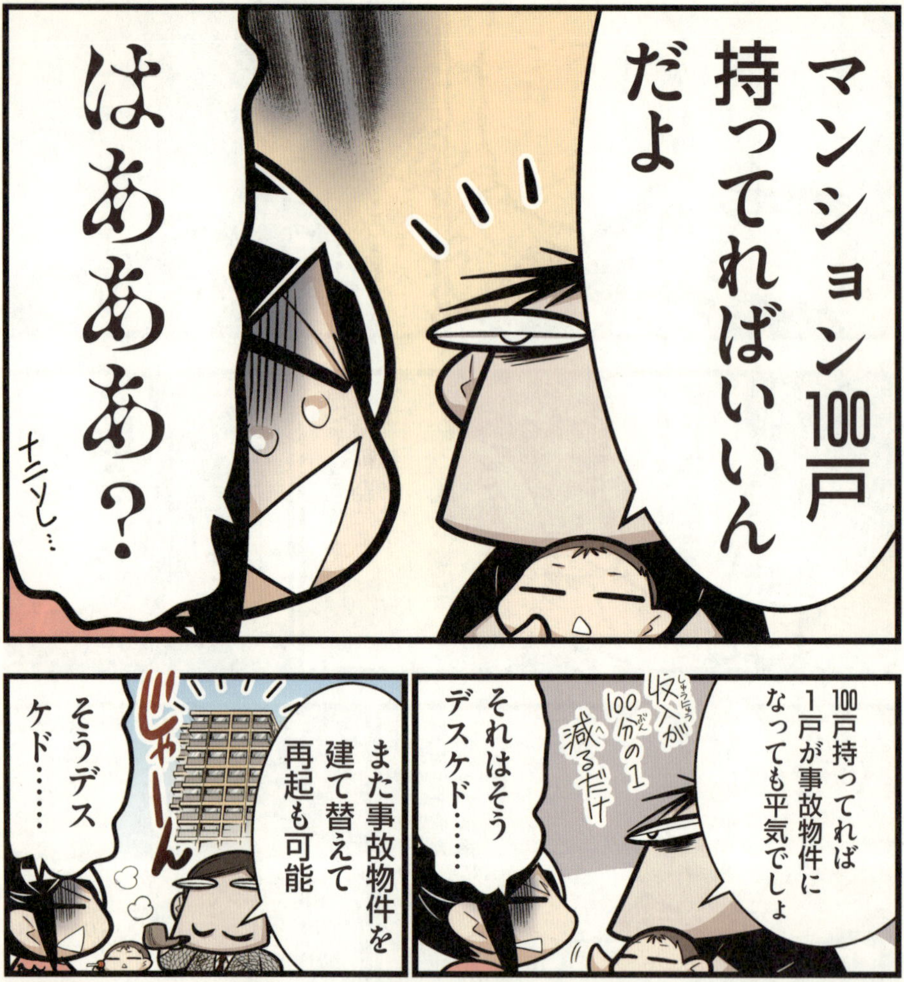
マンション100戸持ってればいいんだよ
はあああ？
ナニソレ…
100戸持ってれば1戸が事故物件になっても平気でしょ
収入《しゅうにゅう》が100分《ぶん》の1減《へ》るだけ
それはそうデスケド……
また事故物件を建て替えて再起も可能
じゃーん
そうデスケド……
結論!! 不動産で確実に儲けたいなら
お金持ちに生まれよう!!
……

違いマスヨ!! ワタシ知りたいは そんなナゾナゾ みたいコトじゃ ナイヨ!!
ゲッ ゲッ
事実なんだ けどなぁ
もと リスクない 安全な投資は ナイデスカ!!
あるよ
世界中が 信頼してて 世界が不安定に なるとみんなが 購入したがる 超安全な 資産
え!?
どぅ どぅ
ジンサン ダメデスヨ!!
え……
そんな大切なコト みんな教える ダメデスヨ
ワタシだけ こそり教えて クダサイ
ブー
ヒソ ヒソ
こんな悪《ある》そうな目《ゆえ》サン見《み》たことなし……
こっそりも何も みんな知ってるよ……
それこそ 世界中が 知ってるから……
哈哈哈……
あ、そデスカ
どぅ どぅ
で その安全な 資産とは……
ドキドキ
どぅ どぅ

ドーン
日本国債です!!!
……

……
なにその顔……
コンニチワ
安定して確実に増えるってバカに出来ないんだぞ? 本当にそれだけで世界中が欲しがるんだから
で いくら儲かりマスカ?
※2018年8月上旬に10年物国債の利率が約0.1%
1億円購入して約10万円
えべ〜〜
どうどう
7月半ばまでは0.03%だったんだぞ
3倍!!
なんで3倍も上がたデスカ?
日本危ないデスカ?
日銀が……
国債の金利が少し上がっても看過しなくもない
みたいなこと言い出したんで……
ぷー

※2019年7月時点で金利はマイナスです。

なにせちょっと前まで日銀が「国債買います」と言っても誰も売ってくれなかったくらい大人気安全商品!!!
1兆円購入すれば10年で確実に10億円プラス!!
そんなお金《かね》うちにはナイデス
というわけで国債で安全に儲けたいなら
超お金持ちに生まれよう!!!
またデスカ
余談ですがアメリカの10年物国債の利回りは3%弱
3倍なても日本低スギ!?
つまりワタシたち貧乏は高いもの買て高利回りを狙うとツライテ……
安全な投資は利回りが低すぎてツライテ……
結論《けつろん》言《い》っちゃうぞ…
貧乏人はその中間を狙ってコツコツいくしかないんだよ……
問題はね……
『わからない』なんだよ

フワ
フワ
世の中 何が
起こるか
『わからない』
ゲッ
ゲッ
ゲッ
この『わからない』は
時間とともに
ふくらんでいく……
明日は世界経済は
今のままだと思う
でも10年後は
リーマンショック級の
何かが起こってるかも
しれない
100年後は
経済のしくみが
根本から変わってる
かもしれない
この『わからない』が
リスクの正体だ
経済学の言葉
では『不確実性』
ここから
リスクが生まれる
なるべく『不確実性』が少なく
その上で多くのリターンがある
投資先はないか……
世界中の投資家が
血眼で探してる

ここに貧乏人が割り込むのは……
天才的な頭脳か……
神がかった運が必要
あるいは両方《りょうほう》ミ
今回《こんかい》の結論《けつろん》ね…
高い教育でどうにかなりマセンカ!?
バオバオリリ大学《だいがく》入《い》れてお金《かね》持《も》ちシマス!!!
?
教育より必要なのは運かなぁ
頭《あたま》よくて悪《わる》いことはないけど…
で
うぞうぞ
このように投資とリスクのお話をしたわけですが……
月サンはそれでも不動産投資やりますか?
?
あぐあぐ
お金あったら投資しマスヨ
?
投資にリスクあるあたりまえ
なぜ月サンは迷わないのか?

そうか!! 月サンは
ちゃんと経済成長してる国からやってきたんだった!!!
?
中国は確実に成長してインフレしてるから……
日本とは逆で
お金の価値が年々下がっていく!!
?
うー
つまり……
月サンは最終的に不動産価格は上がると思っているのね?
あたり前デス
違いマスカ?
わ!! わかったぁ
?
今の月サンのひと言《こと》でわかりました
ありますよ我々庶民の逆転の方法が!!
次回それについて語るよ!!
なんだかわからないケド楽《たの》しみネ~
どうどうどう
づく

キミ金

令和サバイバル編

アル・シャードのライナーノーツ

皆様の応援のおかげで『キミ金』は第二部を迎えることができました。ありがとうございます。

さて、今回色々と新しい言葉が出てきました。まず、投資という言葉から説明しましょう。マンガでも描かれていますが、「利潤獲得《りじゅんかくとく》のために資本や資金を投下すること」が投資です。不動産や機械設備の購入のように実際の商品・サービスを購入する投資を実物投資、預貯金や株の購入など誰かにお金を貸すという投資を金融投資として区別します。政府が道路や空港などのインフラ整備にお金を使う公共投資は政府による実物投資というわけですね。

なぜ投資、なかでも金融投資という仕組みが必要なのでしょう？　それは有効な実物投資のアイデアがあるのに、そのためのお金はないという人が居るからです。例えば、あなたがすごいビジネスの技術を持っていて、それを活かした事業を興したいとします。けれど、必要なお金を一人ではまかなえないという状況です。その時に、他人からお金を集める仕組みがあれば、そのお金で事業を起こせます。

もちろん、得がないのにお金を出してくれる人はいませんから、事業で得た利益からお金を出してくれた人に割り増しでお金を戻す約束をすることになります。これが金融投資の基本的な仕組みです。

次はリスクの説明をします。投資の用語としては「資金を運用する際に将来の成果が必ずしも確実でない」時「投資にはリスクがある」と言います。この「将来の成果」は〝リターン〟と言います。リターンがぶれやすい（大幅に高くなったり低くなったりする）場合には「リスクが大きい」と言います。

投資をしなければリスクがないというわけではありません。例えばあなたが株式投資をしないで全ての資産を現金で持っていたら、確かに株で損はしませんが、インフレで現金の価値が下がったときには「手持ち現金の価値の目減り」という損失を被ります。このような「投資しなかったことによる損失」を「持たざるリスク」と呼びます。

また、安全と言いつつ日本国債にもテールリスクの他、様々なリスクがあります。その上で、比較的安全だと考えられるので利回りが低く抑えられているのです。

最後に、投資をギャンブルのようなもの、あるいは働かずにお金を儲けることとして嫌う人がいるかもしれません。しかし、インフラや教育などにお金を掛けることも投資の一種だということを忘れてはいけません。リスクを取る代わりに将来のリターンを得る投資がなければ、我々の暮らす社会は成り立たないのです。

第1話 キミのお金はその後どうなったか

単行本用の描きおろしページです
ようはおまけデスヨ
第一回は投資のリスクについて描いてるけど……
この世には貯蓄のパラドクスというものがある
貯蓄のパラドクス？
またムズかしそ言葉デス……
なんデスかそれは
ぱらぱら
投資をしないことによるリスクです
今の日本はデフレ気味……
つまりモノの値段がだんだん落ちているのだから……
DOWN
投資せずに貯蓄しておくのが一番安全なわけだ
株《かぶ》とか投資《とうし》とか土地《とち》とかにしないのが安全《あんぜん》
あたり前デス
で日本中の人々がそう考えて——
お金を使わなかったら？
お金が回らなくなるから……
もっとデフレが加速して……
なにもしない
企業がどんどん潰れたり
海外に日本企業がどんどん買われたりして……
会社
企業
会社
最終的に日本は……
ああああああ
バイバイ
みんな損したくナイだけデスのに……
デフレは本当によくない
というわけで皆がこぞって投資したくなる状況を作らないとならないのね……

給料を上げる方法を考える

第2回
前回の続き!!
我々庶民の逆転の方法
それは……
ジャーン
日本をまっとうに経済成長させること!!
えええええ
うぅうぅうー
しかも今回は編集部からもリクエストが
私たちの給料を上げる方法も教えてくださぁあい
ナンデスカ
う?
そこで経済成長のため
今回は給料を上げる方法を考えます
給料
はあ
う
さては興味ないな
うちは給料ナイダカラ
給料が出てくる元《もと》と投資で儲《もう》かる元は同じだぞ
給料が増える仕組みと投資が増える仕組みも
え♡
それは知りたいデス
う〜っ
それでは月《ゆえ》サン!!
給料を上げるにはどうしたらいいでしょうか
残業スル
うっ?..

残念!!
ブブーッ
残業では給料は上がりません
……
えー!?
上《あ》がるジャナイ!?
一人の人がいっぱい労働すると
自分《じぶん》は100時間《じかん》残業《ざんぎょう》しました!!
自分《じぶん》は130時間《じかん》です
自分《じぶん》は200時間《じかん》です
社長
優勝《ゆうしょう》
労働力の安売り合戦になっちゃう
で 全体の給料は下がっていく
残業代《ざんぎょうだい》は入《はい》るけど…
生活《せいかつ》は楽《らく》にならない……
じゃあアルバイトするマスヨ
今《いま》の日本《にっぽん》…
じゃっ
サラリーマン
アフター5《ファイブ》は
アルバイト
働いてる人たちが次々とアルバイトを始めるってことは……
労働ってのも商品みたいなものなんで……
「市場」に労働力があふれてしまい……
ゾロゾロ
ゾロゾロ
たくさんあるものは値段が下がる
キミ金《がね》1巻《かん》1話《わ》
というわけで給料は上がらない
えええ
おうおう
じゃあどうするイイデスか!?
給料の元《もと》になるものを増やせばいい
う
元が増えれば受け取る量も増える
ドドドド
デスネー
これはカンタン
そしてこの元とは投資で増えるお金の元でもある!!
ナンデスかそれは!?
ドキドキ

ピカッ
それは
付加価値
付加価値
じゃっ
？
付加価値は
原価にのせる
儲けのこと……
キミ金第1巻2話で
マルクスさんが
騒いでたアレ
搾《さく》取《しゅ》されてるんだ!!
付《ふ》加《か》価《か》値《ち》
原《げん》価《か》
商《しょう》品《ひん》
モノ売て儲かる
お金ことネ
これが給料の
モト!!
そして
投《とう》資《し》した人《ひと》の
儲《もう》けのモト
付《ふ》加《か》
価《か》値《ち》
原《げん》価《か》
商《しょう》品《ひん》
つまり
給料を上げる
方法とは!!
そして
投《と》資《うし》で
儲かる方法《ほうほう》
とは!!
ヒット商品を
出して付加価値
を上げれば
いいのだ!!
あたり前デス
じゃあ
どうやったら
その付加価値がより
たくさんついた商品を
ヒット
させられるか
その方法を
教えましょう
え!?
じゃっ？
そんなコト
教えてもらえ
マスカ!?
まず月サンに
サイコロを2個
あげます
はい
で 月サンは
それを振って
合計10以上を
出してください
すると
商品がヒット
します
あっ
あっ
あ
……
おうおうっ

運デス!!
そう
運
うぅ
うぅー
うー
そりゃ
ヒット商品が
出るかどうかは
運だよ
あたりまえ
あたりまえ
テ!?
この漫画
買てくれた人《ヒト》
ドウスル!?
がかり
しマスヨ!!
ゲッ
ゲッ
しかし
サギデス
サギデス
この運には
干渉できる
へ?
10以上を
出しやすくできる
おおお
う
簡単です
出た目に
数字を足す
ぷらす
+
?
うー

足して
イイデスカ
ブ～っ
いいのです
足す数字のことを
ゲーム用語で
固定値といいます
覚《おぼ》えなくて
いいですが
足す数字が
3ならサイコロ
2個で7以上
7
5だったら
サイコロ2個で
5以上……
5
5なら出る
でしょう
出マスヨ
えいっ
11
足す数字
いらナイ
いやっ
すげっ
こらこら
友人たちは
みんな足す数字を
愛してるんだぞ
三田誠《さんだまこと》先生《せんせい》
とにかく
固定値《こていち》
三輪清宗《みわきよむね》先生《せんせい》
いや私《わたし》の
出目《でめ》が
悪《わる》いのは
D6とD8
だけで…
三田誠先生
ダレデスカ？
ダイス目《め》やガチャの引《ひ》きが
世界《せかい》に愛《あい》されてる人《ひと》
固定値は
たしかにいデスネ～
固定値あれば
ヒット商品
出まくりデスヨ
足《た》す数字《すうじ》
ワタシも
好《す》きデス
嫌《きら》いな人《ひと》など
いないっ!!
現実の
経済にも
この足す数字に
あたるものが
ある
※小説家です
それが
インフレ

うべ〜〜
……
ほんとに月サンはインフレが嫌いだなぁ
ものの値段がだんだん高くナリマスヨ
好きな人いないデス!!!
2%《パーセント》
とりあえず年に2% 物価が上昇するとする
月サンの持ってるお金を100%とすると
1年後は価値が約98%になる
損デス
損だからお金をなるべくモノに換えようとするでしょ
なるべく儲かるモノ買いマス!!
芸術品《げいじゅつひん》
不動産《ふどうさん》
株《かぶ》
貴金属
外国為替《かわせ》取引《とりひき》
するとこうなる
投資が増える
企業はもっと儲けようと雇用を増やす
今《いま》がチャンス!!!
会社《かいしゃ》の規模《きぼ》を大《おお》きく
企業
労働者がよりよい給料を求めて転職(それを止めるためにも給料が上がる)
UP!!
物価《ぶっか》UP!!
労働者がお金を持ちたくさん消費するので物価が上がる

ここ!!
労働者がお金を持ちたくさん消費するので物価が上がる
こうなると政府の税収は増え日銀は金利を上げたりできる
?
ナンデデスカ?
物価がもっと上がるってことは お金の価値が減るってことで……
お金を持ってると損しちゃう!!
もっと土地や株を買いまくれ
投資家
投資
投
と 投資家たちが考えて投資を増やすから……
あー
この時政府の税収は自動的に増え――
キミ金第1巻9話
政策金利が上がり
物価を上げすぎないように…
日銀
ムリに投資しなくても安全にお金増えますよー
貯金してねー
銀行
銀行
銀行
預貯金につく利子が増え投資でも儲かる
あー
そういえば3番目のお姉サン また投資用マンション買いマシタ……
インフレの続く中国では妥当なお金の使い方です
どうですかインフレ 物価が上がることでヒット商品が出て給料は上がり投資は増え 税収は上がって銀行の金利も上がる
まさに経済における『足していい数字』!!!
なるほど

それでも物価上がるの
イヤデス
……
……
じ……実は……ある
物価を上げるのと似た効果があり消費者の払うお金を減らす方法が
ある
え⁉
えええ⁉

※このマンガは2019年に描かれたものですが、消費税が上がるタイミングだったらいつでも適用できます。

増《ふ》やすと
減《へ》る…
月サンが混乱するの分かるよ
これ直感的じゃないからすっごく難しい
でも事実
不景気の時政府が赤字を増やすと……
やがて赤字が減る
う〜〜ん
うっ
うっ
それホントデスカ?
なんかサギぽいジャナイ?
だましてるジャナイ?
うっうっうっ
ぐんぐん
ゆっくり順番に説明します
以前やったように日本経済に参加する人を三つに分けます
キミ金1巻第8話
政府
民間
海外
このうち海外は海外の事情で動くのでやっぱり外れてもらいます
はい出《で》てって〜
OH No〜〜
そして今回は民間を企業と個人に分けます
政府
民間
企業
個人
個人《こじん》の代表《だいひょう》月《ゆえ》サン
ワタシデスカ…

今は不景気だとします
個人が消費を増やせますか？
できるわけナイデス
お金《かね》ナイダカラ!!
企業は雇用や投資を増やせますか？
そりゃ不景気だからムリですよ
でも……日本政府は
……できます
国債《こくさい》を出して お金を使えるから
※そのかわり物価は上がる
ここで日本政府が赤字を出してお金を使うと……
企業
雇用を増やせる!! 投資もできる!!
はいはい
個人
お金使えるようになりマス!!! 借金もできマス!!!
企業と個人 民間の経済活動が活発になると……
やがて国の税収が増える
やったぁ!!
あうあう
これが……
政府の赤字が増えると……最終的に政府の赤字が減る
なるほど
誰かが赤字を出すと 誰かが黒字になるんだよ
それが会計《かいけい》のルール
借金をできる人が借金しないといつまでも不景気ママデスカ……
なるほど
ゲッ
ゲッ

今 雇用が増え
日本経済がよくなる
きざしが出てきてる
だから
今やるべきは
消費税の
増税じゃない
減税だと思う
わけですよ!!!
ズバ
あっあ—
あっあ—
DOWN
減税するだけで
まっとうに経済成長
できて
いろんなことが
解決し……
UP
一時的には税収は
下がるけど
最終的には
上がる!!!
というか消費税
上がると税収は落ち
日本も沈んでいく……
なのに減税って
主張する国会議員が
ほとんどいなくて……
もうアホかと…
うっ
そこです
ジンサン
ジンサンの考え方
すごく分かる
ワタシも
賛成《さんせい》
デス
正しいとも
思いマスヨ
でも
ジンサンが分かる
ことを……
なぜ偉い人たち
やりまセンカ?
なにか理由
あるジャナイ
……
どよどよどよどよ
次回
キミ金ついに
禁断の領域
に———!!!

キミ金

令和サバイバル編

アル・シャードのライナーノーツ

今回は『キミ金』の単行本第一巻に収録された内容がいくつか再登場しています。そのおさらいを兼ねつつ、内容の解説をしていこうと思います。

まず、付加価値について。これは「新たに生産したものの生産額から材料費や燃料費などの原材料料費を差し引いた金額」のことです。国全体の付加価値の合計が国内総生産（GDP）という指標になります。ニュース番組でGDPの話題が出たら、給料の話をしているようなものだと考えると、番組の見え方が変わってくるかもしれません。

次にインフレについて。この場合は消費者物価指数（CPI）が上昇するという意味で使っています。消費者物価指数は生活に必要な商品の価格を定期的に調査し、価格の変化を表す指標です。消費税率が下がるとその分CPIも下がるのですが、減税した分消費者の負担が減り、生産者に払える金額が増えるので物価が上がったのと似た効果が見込めます。

今回のマンガの中では良い面が描かれているインフレですが、現金や固定金利の資産を持っている人や債権者（お金を貸している人）にとっては不利益になります。とはいえ、そういう不利益があるからこそお金を使う人が増えるわけです。今の日本は物価上昇率が低すぎるので、よりインフレにした方がましな状況であるとはいえるでしょう。

また、マンガの中で「黒字」「赤字」という言葉が出てきます。ここでは、「黒字を資金余剰」「赤字を資金不足」という意味で使っており、この場合は海外・政府・企業・家計の黒字と赤字の金額を足した合計はゼロになります。ただし、一般的な会計の処理として誰かが経常（営業）利益を出しつつ「全員赤字ではない」ことはあり得ます。誤解されるといけないので、コラムで説明いたしました。

最後に。マンガの中で井上さんが消費税率を引き下げることで、「やがて国（政府）の税収が増える」と言っています。しかし、単年で考えるとほぼ確実に税収は減るでしょう。そして、その後に税収が増えるというのは予測でしかありません。ただし、「消費税率を引き上げれば税収が増える」というのも予測です。どちらにも不確実性はあり、リスクがあります。

減税と増税のどちらのリスクが大きいのか、よりましなのか。それらを総合的に考えた上で国民が判断し、政策を決めていく必要があるのです。

第2話 キミのお金はその後どうなったか

サイコロ〜
この回で固定値というゲーム用語が出てきますが——
このゲームというもの……
経済に密接に関係しているのです!!
経済学は取り引きについて学問してきましたが
売《う》り手《て》
買《か》い手《て》
ゴリ…え…
現実の取り引きではライバルの出方自身の戦略などが状況を大きく変化させてしまいます
たいへんデス
それを解決したのがゲーム理論!!
相手の出方が自分の利得にどう影響するのか!!
それを経済学として扱えるようになった!!
キミ金《かね》第《だい》1巻《いっかん》第《だい》5話《わ》で語《かた》ってます
というわけでゲームは経済学的にとても役立っているのです
のデス
デスカ
なので将来バオバオがゲームに夢中になっても
それが未来すごく役立つかもしれません
許《ゆる》してあげてね
iPad
死《し》ぬほど好《す》き
こっそ〜
それとコレは別!!!
やりすぎダメ!!!

世界は失笑!? 日本の経済政策

世界を揺るがしたリーマンショックの時!!
リーマン
ギャー
FRB
FRB(アメリカの中央銀行)のバーナンキ議長は
ドルを刷《す》れます
ボクは日銀の失敗を研究してね……
QE(量的緩和)を断行!!
リーマンショックの当事国でありながら
他国に先駆けて回復させた!!
日本《にほん》の失敗《しっぱい》やく立《た》った
日銀の失敗はそんな有名デスカ?
じゃっ
バブル崩壊から20年のデフレにいたるまで……
超有名です
その時《とき》は世界《せかい》第《だい》2位《い》の経済大国《けいざいたいこく》だぞ…
ちなみに当の日本はほとんどお金を刷らず緊縮財政に走り……
?
リーマンショックの影響はすんごく長引いた……
そして中国!!
2011年には日本の経済政策の失敗を研究していた
じゃっ
日本から経済学者呼んで……
来《き》てー
はいはい
え──なぜ日本はアジアで一番の経済大国になれたかといいますと……
それはいい
日本の成功には興味ありません
なにを失敗したのかを知りたい

よく日本で……
中国のバブルは必ず崩壊する!!
いずれ日本のような長期デフレになるんだ!!
っていう人がいるんだけど
それはどうかなぁ?
おぅおぅ
日本みたいに失敗するのはかなりありえない
日本の失敗に学んでいるから
そしてスウェーデン
引きしめっ
2014年スウェーデン中央銀行が
金融引き締め政策をやった時
失業率が高くインフレ率の低い時に金融引き締め?
今までうまくやってたのに日本化しやがった
ノーベル賞経済学者ポール・クルーグマン
このように……
日本の経済政策は失敗の象徴であり……
時に悪口として使われてる
へえ～っ
そして日本の消費税の増税については——
今は引き上げるタイミングじゃない!!!
ノーベル賞経済学者ジョセフ・E・スティグリッツ
消費税増税は日本の成長に良い結果を生んでない
『21世紀の資本』で有名トマ・ピケティ
国際的に有名な経済学者が次々と反対してる
そデスヨ!!
それなのに日本のエライ人たちは聞かないデスヨ
なぜ間違たコトしマスカ!!
その理由は!?
ぐっ?
そ……その……理由は
理由は
分からない

はあああ!!?
引《ひ》きのばしてそれデスか!?
いや
日本がなぜこんなに
間違い続けてるか
分かったら
ノーベル賞とれるよ
ホントに
ヒドいデス
サギデス
ジンサンは
ヒドいデス
分《わ》からないことを
分《わ》かるって言《い》う
方《ほう》がヒドいよ…
月《ゆえ》サン
聞いてください
分からない
です『が』
推測する
ことはできます
は?
逆に考える
のです

「緊縮財政」「消費税増税」「金融引き締め」
これを今すぐやらないと破綻する日本を考えるのです
じゅっ
?
彼らは止まっている……
ある時代の感覚のまま『正しい判断』をしてる気になってる
え!?
それは約50年前!!
金《きん》為替《がわせ》本位制《ほんいせい》の時代《じだい》ね
まだ日本が固定相場制だった時代の感覚
!!!
え――
その時代の高インフレで苦しんだ感覚のままだと――
物価《ぶっか》が上《あ》がりすぎてたいへん
財政赤字が続いたら固定相場制の約束を守れなくなっちゃう……
外国《がいこく》からの信認《しんにん》を失《うしな》ってしまう…
信用を失った上にもしドルから切り離されたら……
日本円が紙くずになっちゃうううう!!!
という日本の政治家や官僚の認識は約50年前のままで……
もう固定相場制《こていそうばせい》じゃないのに…
国民《こくみん》よりも財政《ざいせい》の健全化《けんぜんか》!!
消費税上げないとハイパーインフレになっちゃう〜
じゃないと日本《にほん》が終《お》わっちゃう〜っ!!!
官
政
は
緊縮財政や消費税増税をやらないと国が滅ぶって本気で思ってる説

はは〜ん
それはナイデスヨ
ぐっ
50年前で認識が止まってる？
そんなバカなコトナイデスヨ〜
哈哈哈哈
ところがあんまり笑ってられないんだな
現状維持バイアス
人間は変化よりも安定を取る時がある
たとえ損しても
月《ゆえ》サンは森を歩いてて一人の木こりに会う
見ると 木こりの斧《おの》はボロボロ
!!
そんな斧じゃ木は切れナイジャナイ？
新しいの買うドウデスカ？
……
この斧で木を切るには時間がかかるから……
そんな暇はない
えー!?

この言い訳には理屈はないんだよ
今の状況を変えたくないだけ
新しい斧から得られる富よりも古い斧を使う安心を選択してるの
うっ
現状維持バイアス!!!
変化することによる得より変化がもたらす不安が勝って現状に依存する
コレ……
すっごい分かりマス
あら
下がってる株売れナイとかもコレデス!!!
すごい納得しマシタ
コレデス!!
日本コレデスヨ
早《はや》い…
だから推測だって……
う
経済学ってのはどうすればみんなが効率的に得をするかって学問だから……
このように自分の損を選択する人を扱うのが難しかった
でもこういう人っているよね
いマス!! すごくいマスヨ!!
このように今までは扱えなかった『人間の不合理』を扱う経済学
それが!!

行動経済学!!
行動
?
実際に人がどんな行動を取るかを調べて理論と比較
より有効な経済政策を立てたりするのに役立てようという学問
?
?
当初は経済学の傍流だったけど……
90年代には主流の一部に……
ゲッゲッ
?
?
?
行動経済学は説明するより……
実際の事例を紹介した方がいいな……
どれも超おもしろいよ!!
行動経済学で考えると 幸福をお金で測ることができる
幸福!!
ゲッ
ゲッ
お金《かね》の機能《きのう》『測《はか》る』
アメリカで企業経営者の給料が高騰
HAHAHAHA
経
そこで経営者の報酬を公開することにした
俺《おれ》らはビンボーなのに……
ナンデデスカ?
?
う~
う~

経営者の報酬を透明化すれば……
株主たちが怒り出すんで報酬が下がるだろうって考えたんだ
お前なにやってんだー
俺《おれ》たちの儲《もう》けを―!!
株主
分かりマス!!!
ところが!!
HAHAHAHA
公開以降報酬爆上がり!!
え!?
ナンデデスカ?
変《へん》デス
報酬を公開することで経営者は不幸になったから
なりました
報酬上がったのに不幸デスカ?
逆!! 不幸になったから報酬を上げたの
人間の一番の不幸とはなにか
それを行動経済学は明らかにしてくれる!!
人間の一番の不幸とは自分より下だと思ってる人間が幸福になることだ!!!
そして一番の幸福は他人より上にいる時
……
つまりアメリカの経営者たちは報酬を公開されたことで――
え――!? 俺アイツより報酬が下!?
誰に負けてもいいけどアイツにだけは負けたくない!!
ランキング
オオオオオオオオオオ
全員が競い合うように報酬を上げてしまった

分かりマス
お
ぶっ
分かりマスケド
コレは人間のすごく
悪い面ジャナイ？
いいとか悪いとか
ではなくて
現象として捉える
のが学問だから
言わナイ
イイジャナイ？
うー
この考え方は
地位財と言って……
他人と比べることで
価値のある財産ね
お金《かね》
宝石《ほうせき》、家《いえ》
車《くるま》ミ
人間はこの
地位財に
しばられてる
…
経
遣いきれない
お金を持ってる
経営者たちを
報酬UP《アップ》に走らせたのが
この地位財
経
ちなみに
地位財《ちいざい》のアイデアは
行動経済学《こうどうけいざいがく》前《まえ》から使《つか》われてた
概念《がいねん》ですよ
なんの
ため…
？
しかし!!
ひるがえって
我が日本!!!
笑《わら》って
ばかりは
いらんない!?

今の日本ではびこる経済弱者へのバッシング!!!
生活保護はなるだけ削れ!!
生活保護《せいかつほご》で映画《えいが》なんか行《い》くな!!
生活習慣病は自己責任だから国のケアをうけるな!!
老人《ろうじん》は保護《ほご》されすぎだ!!!
死ね!!
生産性のない人間には国のお金を使うな!!
そして公的支出(公共事業、インフラ整備、軍事など)拡大へのバッシング!!!
公共事業はムダだからするな!!
地方に道路必要なし!!
俺《おれ》たちの税金《ぜいきん》をムダ遣《づか》いすんな
自衛隊が被災者よりいいもん食ってるぞ!?
公務員はとにかく減らせ!!!
これらも地位財的な『自分より下の人が幸せになるのが嫌』
という思考によって
経済的には間違った道をみんなで選択してるんじゃないかってこと……
うー
あ――
果たして「緊縮財政・金融引き締め」は「頭のいい偉い人」が決めているのか?
そこから疑った方がいい
日本を、あなたを貧しくしてるのはあなた自身じゃないですか!?
あ――
おぅぅ
うー

現状維持バイアスの方が分かりやすいデス
……
ごっ
ごっ
地位財は人間の汚いトコ見スギ
気分悪いダカラ考えたくナイデス
偉《えら》いヒトが悪《わる》いデスヨ
こらこら
ごっ
ごっ
ごっ
まぁ 行動経済学が教えてくれるのは……
人間は間違うってこと
?
インディー月《ゆえ》サン
そして 間違いは正すことができる
ありマシタ…
ゲッゲッ
日本がなぜ間違い続けているか……
それはいつか行動経済学が教えてくれるかもしれない
あと弱者《じゃくしゃ》たたきは意味《いみ》ないぞ!!
でも今は我々ができることをやろう!!
間違いは間違いと言い続けよう!!
ゲッゲッ

キミ金 令和サバイバル編
アル・シャードのライナーノーツ

経済学は「人は合理的に自らの欲望のために行動する」という仮定を用いて進歩してきました。この仮定の人格を〝経済人（ホモ・エコノミクス）〟と呼びます。しかし、人間は案外合理的に行動しません。そして「多くの人が同じように」不合理な行動を選択することがわかってきました。

そこで実験などを用いて「人間が実際にどのように行動するか」を調べ、理論上合理的とされる行動と比較して社会に役立てよう、というのが行動経済学という学問です。行動経済学の入門書としては、ダン・アリエリーという学者が書いた『予想どおりに不合理：行動経済学が明かす「あなたがそれを選ぶわけ」』（早川書房）という本がお薦めです。

次にマンガの三十五ページ目について。日の丸で表された日本の財務当局くんが「何を恐れているのか」を説明します。

1971年にアメリカが金とドルとの交換を停止すると宣言しました。これをニクソン・ショック、あるいはドル・ショックと呼びます。

1949年以来、日本はアメリカドル（米ドル）に対して円の為替レートを1ドル＝360円に固定していました。当時の日本は金本位制ではありませんでしたが、金本位制だったアメリカとの為替レートを固定していたので、間接的に金の価値と通貨の価値が関係していました。これを〝金為替本位制〟と呼びます。

戦後すぐに設定された1ドル＝360円という為替レートは、1970年代には実情と乖離《かいり》していました。日本が経済成長したことに加え、アメリカはベトナム戦争などで疲弊しており、円の価値が低く抑えられすぎていたのです。

1973年には日本は変動相場制に移行。紆余《うよ》曲折はありましたが、現在にいたります。金為替本位制のころは、日本円の価値は最終的に金によって保証されていました。ところが、変動相場制になったことでその保証を失ったのです。しかも、同時期にオイルショックも重なり、当時の財務当局はさぞ肝を冷やしたでしょう。

ちょっと前に「経済通」と呼ばれた政治家の中には、金融緩和を「悪魔的」と言う人すらいました。もしかすると、現在でも変動相場制に対して恐れをいだく人たちがいて、そういう人が「円の信用を落としてはならぬ」と頑張っているのかもしれませんね。

もちろん、これは仮定のお話で、実際のところは不明なのですが。

キミ金第二部《シーズンツー》「令和サバイバル編」の連載で一番人気のあった回がこれです
デスか
第3話
キミのお金はその後どうなったか
しかし正直なんで日本政府がここまで間違いを続けるのか……
俺も知りたいです……
不合理《ふごうり》すぎる
ニンゲンはいつも正しじゃナイヨ
その通り……
しかし そこが経済学の弱点だったのです
経済学は人を『経済人』として考え……
程度の差はあっても皆常により儲けるため行動すると考えてきました
でも そうじゃない
デス
特に人は集団になるほど不合理な行動をする……
従来の経済学では扱えなかったこの不合理を……
行動経済学
扱えるようにした新しい研究……
違いマスヨ
は？
ワタシ考え違いマスヨ
日本が間違てるは偉い人が正しを知らナイカラ!!
ズバッ
この漫画 偉い人読んでクダサイ!!!
えーーっ

日本は将来必ず財政破綻する

第4回
今回は財政破綻《ざいせいはたん》について!!
はたして日本は財政破綻するのか!?
どぅだ!! どぅだ!!
は――
財政破綻てナンデスカ?
ズガッ
え~
どぅだ どぅだ
……えーとですね……
国債残高が膨らみ借金返済のめどが立たなくなることです
債券《さいけん》
みんなに借《か》りてたお金《かね》が返《かえ》せない~
あ――
アレデスカ
どぅ どぅ
ダメデスよジンサン
やるダメヨ!!!
それやるとみんなこのマンガ買わナイデスヨ
じゃ?
え!? なんで!?

財政破綻 生活関係ナイ ダカラ!!
生活から遠い ダカラみんな興味 持ちマセンヨ
うー
え゛え゛え゛え゛え゛え゛え゛え゛!?
いや……財政破綻 すると みんな けっこう困りますよ?
政府の支出に 予算がつかない ってことだから…
?
公共機関が 閉鎖され 公共サービスが 提供されなくなる
たとえば 火事になっても 消防車が来ない!!
ゴォォォォ
強盗にあっても 警察が来ない!!
ゴミ収集車が 来ないから 町がゴミだらけ!!
おおおお
公的年金も 医療も 停止!!!
でも
うー
ご飯が食べら れなくなる わけじゃ ナイ デショ
…………
うー

まぁ……
たしかに……
日本人は財政破綻を恐れすぎてる側面はあります……
デショネ――
世界では財政破綻《デフォルト》を何回もしてる国もあるし……
復活《ふっかつ》
ライフラインが止まったりはするけどすぐ人がバタバタ死んだりはしない
デショネー
お金持ちはね……
え!?
財政破綻はお金を持ってない人からダメージを受ける
年金だけで食べてる老人や生活保護で生きてる人が……
本当に死ぬほど困ります
たいへんデス!!!
ゴオオオ
そんな月《ゆえ》サンに大ニュースです!!
日本は将来必ず財政破綻する!!

それはいつデスカ!?
うっ
ヨロッ
うっ
うっ
う……
ヨロッ
う
ヨロッ
?
?
?
うっ
……今……
なんと言いましたか?
日本が財政破綻するのいつデスカ?
ヨロロッ
う
う…
うぐおおおおおやられたあああああッ!!!
?
?
どしましたかジンサン……
ひさしぶりにやられました
月《ゆえ》サンの結論最初に言っちゃうヤツ
どうどうどう
ワタシ何もおかしコト言てナイヨ?
?
おかしいよ!!

普段ずっと日本は財政破綻はしないって言ってるんだから!!
そこで言うべき台詞《せりふ》は「なんで!?」とか
「今までのマンガ嘘《うそ》デスカ!?」とかでしょう!?
哈哈哈哈
あ――
財政破綻するナラバオバオの国籍中国にしようと思たヨ
哈哈哈
中国も財政破綻するよ
必ず
ええええええ
中国だろうとアメリカだろうと必ず財政破綻するよ
どうゆうコトデスカ!?
タイヘンデス
そう
そこで今回一番のキモですよ
時間
時間を無限にとれば
どんな国でも必ず財政破綻する
たとえば1億年後
は?

1億年後日本は財政破綻してるでしょうか？
ちなみに1億年前は白亜紀恐竜のいた時代――
ゴオオオオオ
ギャッ
ギャッ
人間がいるかわからナイデス!!
じゃあ1千年後……
1千年前《いっせんねんまえ》は日本《にほん》は平安時代《へいあんじだい》
中国《ちゅうごく》は北宋時代《ほくそうじだい》
あそういうのはイイデス
おうっおうっ
1千年後とか意味ナイデス
バオバオが生きてる間じゅうぶんデス
……どしマシタカ？
う――
えらい!!
それが言える月《ゆえ》サンえらい!!
今回《こんかい》神《かみ》がかってマス!!!
おぉおぉおぉ
あら？なんかイイコト言たデスカ？
う？
月《ゆえ》サンの言ったことの何が「えらい」のかは後で説明しますが……
じゃあ100年後日本は財政破綻するでしょうか？
日本は100年前は大正時代《たいしょうじだい》
中国《ちゅうごく》は中華民国《ちゅうかみんこく》成立直後《せいりつちょくご》
ゲッ
ゲッ
100年後はお金の価値が変わてる気しマス
でもやっぱりアメリカが1位の気がしマスヨ
中国《ちゅうごく》は沈《しず》んでる気《き》がしマス

そして10年後日本は財政破綻してるか!!
……については実はもう世界が結論を出してる
10年前《ねんまえ》は月《ゆえ》サンと私《わたし》が出会《であ》った頃《ころ》!!
へ——
日本はかなり低い方
日本 約0.1%
ギリシャ 約4.5%
アメリカ 約3%
ブラジル 約10%
中国 約3.5%
10年物国債の金利をみるとわかる
?
日本政府の負債は1000兆円超え!!
なんとGDPの約2倍
なのに10年後ツブれるとは思われてないんだよ!?
エヘ
なぜならツブれるなら0.1%なんて超低金利でみんなが買うわけがない
ブラジル君《くん》みたいに金利《きんり》上《あ》げないと
国債《こくさい》買《か》ってええ
それは日本の国債日銀が買ってるからデス
その通り!!
国債を日銀が買ってそのお金が日本政府に回って
そのお金を日本政府が使いすぎると(もしくは減税しすぎると)物価が際限なく上がってしまう!!
国債の金利が安いからって安心はできない!!
はいはいはい
日銀
ところが日本の物価は上がってない
いつまでたっても2%上昇《じょうしょう》が達成《たっせい》できない……
キミ金一巻一話……
デスネー
どう
そして…日本は大丈夫!!
……と言ってるのは

https://www.mof.go.jp/about_mof/other/other/rating/p140430.htm

今年（2018年）世界の為替相場の安定を目指すＩＭＦ（国際通貨基金）さんのレポートでね……
2018年10月に…
IMF
資産
債務
日本は債務と資産のバランスがとれており…
総合的にみて純債務（借金）はほとんどない
って書かれててね……
コンニチワ
えええええええっ
https://www.imf.org/en/Publications/FM/Issues/2018/10/04/fiscal-monitor-october-2018
どゆことデスカ
つまり……
今 日本が財政破綻するのは考えにくいってことよ……
じゃあなんで消費税上げマスカ!!
だから それが分からないんだってば……
前回《ぜんかい》のキミ金《がね》読《よ》んでね…
しかし 経済に『絶対』はない……
時間を長～～～～くとれば……
不確実性は上がり—
ゲッ
ゲッ
とんでもないコトが起こる可能性は上がり続ける
シーズン2第1話《だいいちわ》
だから どんな国でもいつかは必ず財政破綻する
それは1万年後かもしれないし 明日かもしれない……
無責任デスネ～
どうにか止められないデスカ?
ぷん
すか
じゃじゃ
だから見える範囲では日本はかなり安全なのよ
100年後とかになると……
本当に何が起こるか分からない
よかれと思ってやったことが……
おおきくなあれ
ちー
たいへんなコトを引き起こすとか
そういうことは普通に起こるんだ!!
ゲッ
ゲッ
そこで月《ゆえ》サンがえらいって話ですよ
え?
うー

コレ!!
バオバオが生きてる間じゅうぶんデス
これがなかなか言えないんだ!!
でもこの視点すごく大事
あーーー
アーーッ
それはデスネ ジンサン
ゲッ ゲッ
財政破綻……将来の不安はデスネ
ダイエト《ダイエット》デス
は?
ダイエトは美しく健康になるためやるものデス
よりよく生きるために
だから死ぬまでダイエトするは変!!
将来《しょうらい》のために今《いま》はガマン ガマン
でも死にそう
将来の不安のために働きすぎたり心を壊したり
意味ナイデス
バカデス
将来が不安で それで今死のうとする人
今死ねば
将来の不安はなくなるよね?
これは死んだあとダイエトしようとする同じ
死んだらダイエトできマセン
バカデス
将来の不安は今をよりよく生き
具体的に問題を解決するためにアリマス
それ以上は害デスヨ
うっうっ
うっ
考《かんが》えれば考《かんが》えるほど害《がい》デス
ぶる ぶる ぶる

本当にスゴい
月《ゆえ》サン!!!
感動した
哈哈哈哈
そデスか
おーっ
ちょっと頭がいい人はすぐこういうこと言いだすんだ
未来《みらい》を予測《よそく》できると思《おも》い込《こ》むから…
国家というものは百年先を見すえなければならぬ!!
国家百年の計!!
百年先を見ずしてなぜ今の政策が語れようか!!
これが死ぬまでダイエットする人
百年先《ひゃくねんさき》のためにも今《いま》をギセイに!!
死《し》
またこういう人もいる
永遠に借金なんかできるわけがない
将来の子供たちのために今すぐ借金をなくそう
借金のない未来を子供たちに
借金をなくすってことは流通してるお金を消すってことで……
これが死んでからダイエットする人
自殺《じさつ》と同《おな》じ
今《いま》、死《し》ねば…
将来《しょうらい》を考《かんが》えなくていいから楽《らく》になる…
この人たちは不確実性を理解していないのだ!!
今よかれと思ってやったことが将来もよいとはかぎらない
どんな経済政策《けいざいせいさく》も永遠《えいえん》にうまくいったりはしない
うー
財政破綻だけに注目してしまい現実から目をそらしている
頭《あたま》をつかわず安易《あんい》な結論《けつろん》にとびついている
うー
ぶーっ
あー
キミのお金が財政破綻で消えないために
うー

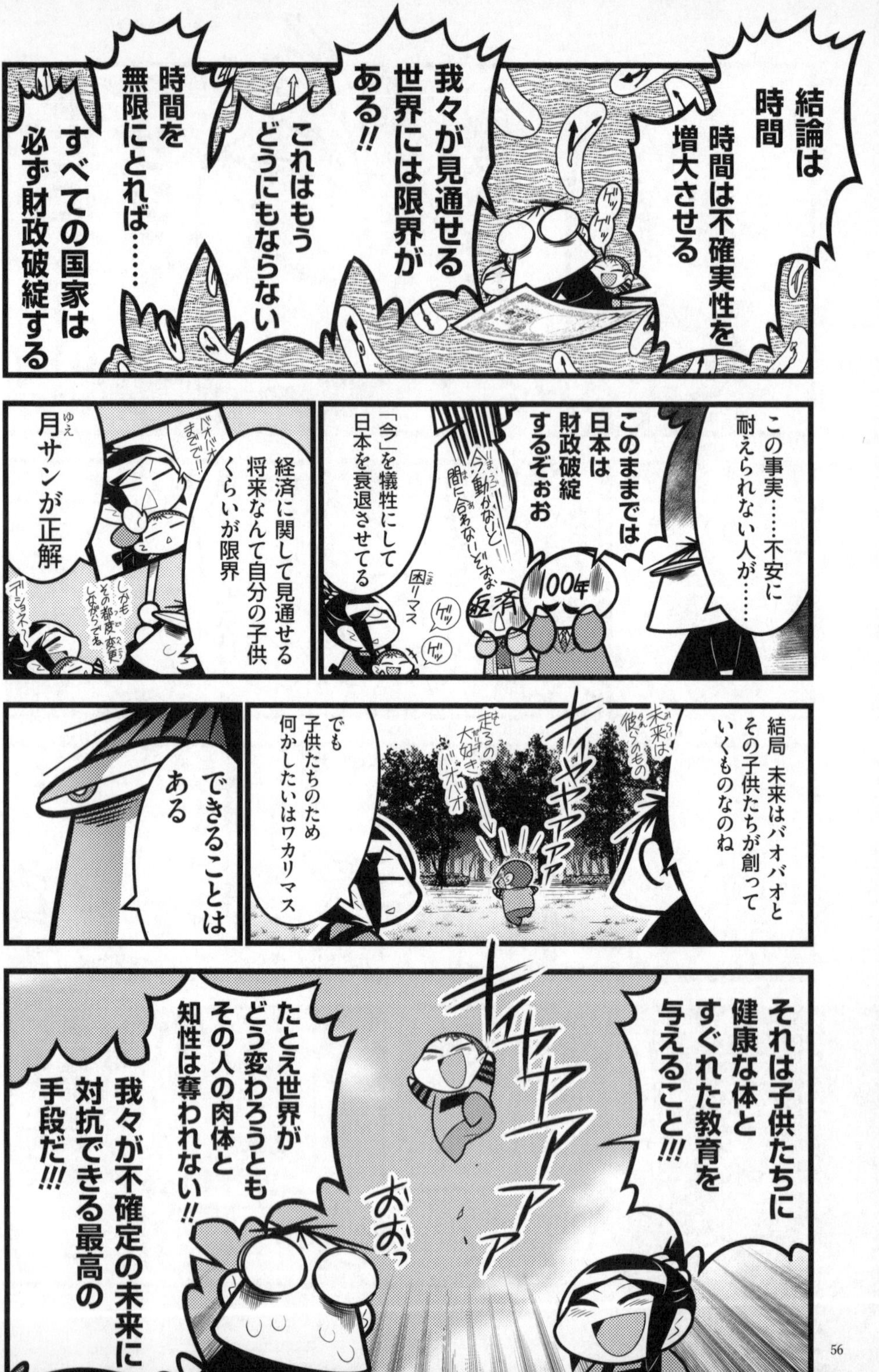
結論は時間
時間は不確実性を増大させる
我々が見通せる世界には限界がある!!
これはもうどうにもならない
ゲッゲッ
時間を無限にとれば……
すべての国家は必ず財政破綻する
この事実……不安に耐えられない人が……
このままでは日本は財政破綻するぞぉお
100年
経済
今《いま》動《うご》かないと間《ま》に合《あ》わないぞおお
「今」を犠牲にして日本を衰退させてる
困《こま》リマス
ゲッ
ゲッ
経済に関して見通せる将来なんて自分の子供くらいが限界
バオバオまでで!!
月《ゆえ》サンが正解
しかもその都度《つど》変更《へんこう》しながらでね
デショネ~
結局 未来はバオバオとその子供たちが創っていくものなのね
未来《みらい》は彼《かれ》らのもの
キャキャアアア
走《はし》るの大好《だいす》きバオバオ
でも子供たちのため何かしたいはワカリマス
できることはある
それは子供たちに健康な体とすぐれた教育を与えること!!!
キャキャアアアア
おおっ
たとえ世界がどう変わろうともその人の肉体と知性は奪われない!!
我々が不確定の未来に対抗できる最高の手段だ!!!

キミノ金 令和サバイバル編

アル・シャードのライナーノーツ

今回のテーマは財政破綻です。現在の日本では様々な事業を政府に頼っています。警察、消防、医療、教育、年金、土木建築、防衛、災害救助など数え上げればきりがありません。財政破綻はこれらのサービスが（全部でないにせよ）停止するということです。当然社会的弱者から困窮するので、可能なら財政破綻はしない方がいいのは間違いありません。

とはいえ、財政破綻を避けられればよいというものでもありません。ユダヤ人や華僑など住んでいる国の政府に弾圧されて、財産を奪われた人たちは世界中にいます。そのため「国（政府）は信用できない」と考えている人も多いのです。そういう人たちからすれば、政府の財政破綻を心配して進んで増税をしたがる日本人は不思議に見えるかもしれません。

現状、日本政府が財政破綻しにくいというのはマンガに描かれている通りです。しかし、それを信じられない人も当然いるでしょう。

そういう人は手元のお金（日本円）を外国のお金（外貨）に換えるといいでしょう。なぜなら、財政破綻とはその国のお金を返す力（信用）がなくなるということで、財政が破綻するような国の通貨は価値が下がるからです。

ただし、円を外貨に変えれば円高になった場合に損をします。もし、それが恐ろしくて円を外貨に換えられないのであれば、それはその人が実は「日本が財政破綻する」と心の底では確信していないのかもしれませんね。

最後に。歴史的な理由で「国（政府）は信用できない」と考える人は多いという話をしました。そういう人たちは、可能な限り子供の教育にお金をつぎ込むそうです。なぜなら教育の結果は、他の財産（土地や貨幣や宝石など）と違って個人から収奪することは困難だからです。

ですから、日本政府の財政破綻が心配なら優先して教育と医療にはお金を掛けるといいでしょう。私たちの子孫が、十分な教育を受け、健康で、世界のどこにいっても稼ぐ力を持っていれば、例え国の財政が破綻しても生きていけるからです。

そして、おそらく教育と医療を充実させることは、財政破綻を防ぐ一番効率的な方法にもなるでしょう。日本の稼ぐ力を維持することにつながるからです。

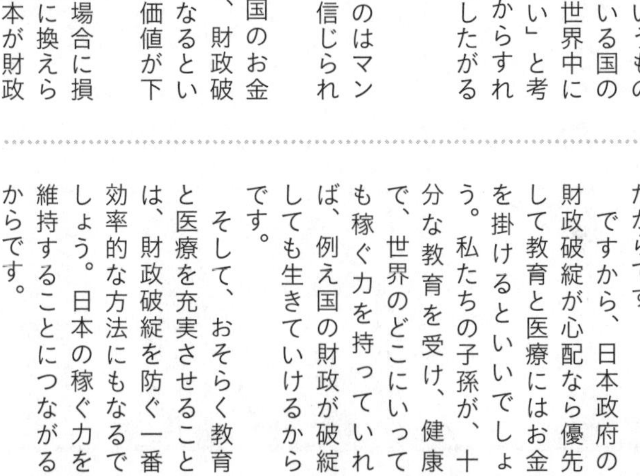
なんと日本の財務省くんです
!!!
財務省
官僚
マクロ的に見れば日本は世界最大の貯蓄超過国です!!
コンニチワ
はあああ!?

※中央値＝資料を大きさの順に並べた時、全体の中央にくる値。

第5回 バーゲンセールの正体とは？

年始と いうことで……
今回のお話は バーゲンセールに ついて!!
以下《いか》バーゲンと いいます
ほう
どぅとぅ どぅとぅ
ほう ほう
どぅとぅ
うき… うき…
嬉しいなら 素直に 嬉しがって いいんですよ ……
なにその反応《はんのう》…
中国も年末年始は バーゲンですか？
そデスヨ 1月1日は バーゲンデス
うっうっ
中国でバーゲン有名は 1月1日、ゴールデンウィーク、国慶節!!
ネットで有名は 11月11日!!（独身の日）
春節（旧正月）は ホントにみんな 休むからバーゲンは ほとんどナイヨ
徹底してる よなぁ……
中国《ちゅうごく》は春節《しゅんせつ》を中心《ちゅうしん》に回《まわ》っている…
うー
さて バーゲンとは なにか？
もの安く売ること ジャナイ
アタリマエ
じー じー
じゃあ家電量販店は 毎日バーゲンを やっていると
そう言テル店も ありマスケド なんか違う感じ アリマスヨネ……
毎日《まいにち》が 大安売《おおやすう》り!!
うっ
そう!!
バーゲンに 絶対必要なもの ……それは!!

期間限定!!
本日限り
ボーナスが出るなど消費者がお金を持っている時期にそれまでより値引きして売るのがバーゲンです
バーゲン
本日限り
デスネ〜
そもそも値段はどう決まるのか!!
?
この値段なら売りたい
この値段なら買いたい
この二人がいて……
買いの人の値段が売りの人の値段を上回れば……
≧
うー
売買
売買が成立する
なので厳密に言えばすべての売り買いで値段のすり合わせが必要
この値《ね》で買《か》ってよ
ムリ!! 安《やす》くして
100円くらいなら引ける…
話にならない もっともっと安く!!
やってられないデス!!
ですよねー
うーー

だいたい こういう値引き交渉で有利なのは売り手なのよ
ニヤリ
イイ
え!?
違いマスヨ 買う方はいつでも「買うやめた」言えるダカラ
買う方が有利デショ
勝ちデス
いやぁ踏んできた場数が違いますから……
買い手の払える上限に近い値をつけられるんですわ
原価下回ったら売らなきゃいいわけだから
常勝《じょうしょう》ですよ?
うぅっ
そんな有利ならどんどん交渉したらイイジャナイ!!
それはムリ
なんで!?
時間がかかるから
ズーン
すべての品物でいちいち値段交渉していたら……
店員がいくらいても足りない!!
人件費が膨大になっちゃう!!
大混乱になっちゃう
買う方も困りマスヨ……
やってられないデス
そこで売り手は儲《もう》けを入れた値段を決めてしまって……
キッパリ
この値段出せる人のみがお客様です!!
¥2000
交渉《こうしょう》はしません!!
としているわけです
なるほど〜
そこでバーゲンです
へ?

バーゲンとは!!
バーゲン
客でない人を客にする催《もよお》しなのです
??
う――っ
さきほど言ったように店側は……
この値段出してくれる人が客!!!
すると欲しくてもお金がなくて買えない人が必ず出る
……
ない…
この人!!
トボトボ
しょぼ~~ん
この去っていく人を再び客にするのがバーゲン!!
う
あ――
期間限定で値段を安くすることで……
ターゲットを増やしているのです!!!
お金持ちや大ファン
お客
じゃ――ん!!
お客
貧乏な人やそれほどファンではない人
増えマシタ!!
これがバーゲンの正体だ!!!
うう―
ニヤリ
分かりマシタよジンサン……
?
うう?
つまり安くすればするほどお客が増えていきマスヨ!!!
カンタンデス!!!
出ればとにかく買うよ
お客
安くなったら買うよ
お客
もっと安くなったら買う
お客
もっともっと安くなったら買うよ
う―
あ――
残念なことにそうはならない
え!?

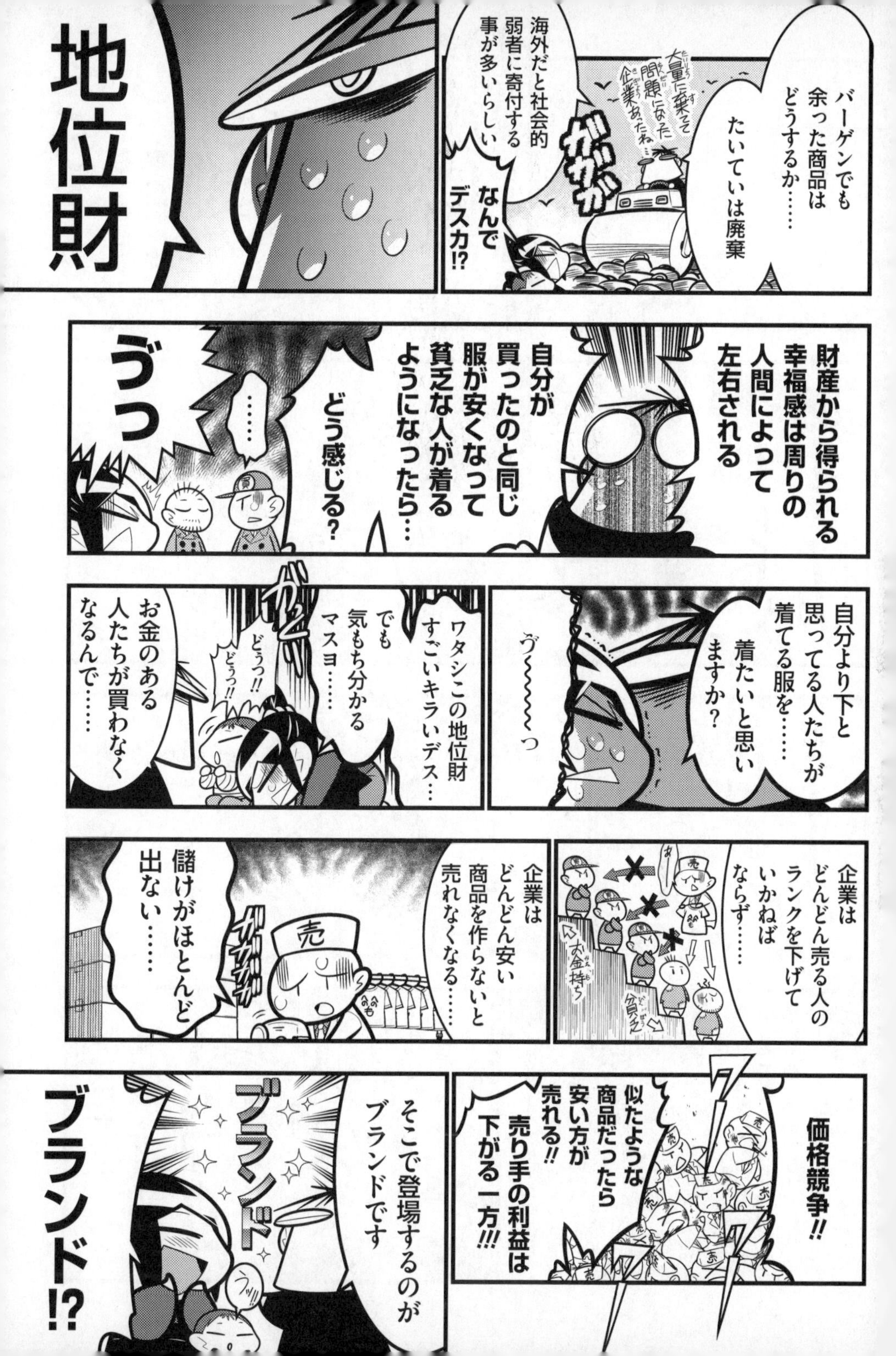
バーゲンでも
余った商品は
どうするか……
たいていは廃棄
大量《たいりょう》に棄《す》てて
問題《もんだい》になった
企業《きぎょう》あったね…
ガガガ
海外だと社会的
弱者に寄付する
事が多いらしい
なんで
デスカ!?
地位財
財産から得られる
幸福感は周りの
人間によって
左右される
自分が
買ったのと同じ
服が安くなって
貧乏な人が着る
ようになったら…
どう感じる?
……
うっ
自分より下と
思ってる人たちが
着てる服を……
着たいと思い
ますか?
う〜〜〜〜っ
ワタシこの地位財
すごいキライデス…
でも
気もち分かる
マスヨ……
どうっ!!
どうっ!!
お金のある
人たちが買わなく
なるんで……
企業は
どんどん売る人の
ランクを下げて
いかねば
ならず……
お金持《かねも》ち
貧乏《びんぼう》
企業は
どんどん安い
商品を作らないと
売れなくなる……
儲けがほとんど
出ない……
価格競争!!
似たような
商品だったら
安い方が
売れる!!
売り手の利益は
下がる一方!!!
そこで登場するのが
ブランドです
ブランド
うッ
ブランド!?

ブランド!!
もともとは家畜に押す焼印のこと!!
モーーッ
他と違うことを売り手がアピールする行為!!
バイバイ
このブランドによって売り手＝企業は不毛な価格競争から抜け出すことができる…
モーーッ
とてもよいものです
たとえば最近私がハマッてるミニチュアゲーム『ウォーハンマー』
英国産《イギリスさん》です
4センチぐらい
あの小さい人形のプラモデルデスカ
実は……アレの値段ですが……
あーー!!
聞きたくナイ!!
聞きたくナイデス!!!
あーーーっ
あ゛ーーっ
そこまで…
実は……
ごにょごにょ
えーー!!!
アレはそんな高いモノデスカ!?
おおおおお
国産《こくさん》プラモの5～10倍《ばい》くらいです
いや ただ単に高いだけではないのです
ウォーハンマーの発売元ゲームズワークショップは世界中に直営店を持ち
専用の質の高い塗料や工具を常に供給 世界中のファンが最新のプレイ環境を共有しています

何十年の積み重ねのある架空世界をリアルタイムで世界中のファンと共有!!
次々と供給される新ゲームと新ミニチュア!!!
ミニチュア塗《ぬ》るのすごく楽しい♡
ゲームも最高《さいこう》!!
ゲッ
ゲッ
自分の軍団《コレクション》が充実していく満足感!!
たまらない!!!
わけが分からナイ
ちなみにコレがブランドの弱点です
うぶ
その価値が理解できない人にはブランド力は全く働きません……
しかしブランドは不毛な安売り合戦から企業を救い
そこで得た資金でより品質を高めたり新製品を開発したりして……ユーザーを楽しませてくれる!!
ゲッ
ゲッ
ゲッ
企業《売り手》とユーザー《買い手》がWIN WINになる素晴らしいものなのです!!
しかも このブランドとバーゲンが合体すると……
あ!!
それは分かりマス!!
期間限定の安売りで ブランドの魅力に気がつく人が増えるかもしれない
バーゲンはブランドのチャンスでもある!!!
ブランド物のバーゲンはとても嬉しいデスネ〜〜
ゲッ
ゲッ
まあやりすぎると地位財の罠《わな》が待っておりますが…
しかもバーゲンは時間をおくことでちゃんとターゲットを分けられる
新製品がすぐ欲しい客
Shop
Shop
バーゲンを待つ客
あっ
ワタシ分かりマシタヨ
じゃ?
ブランドと同じ働きをするもの
じゃっ
流行デス
キミのお金はどこに消えるのか?

最近ちょっと月《ゆえ》サンすごくない!?
そのとおりだよ!?
ゲッ
ゲッ
流行も「今」手に入れなければならないってトコでブランドと同じ!!
なにが同じなのかというと……『価格を下げない』という点です
コレすごく重要《じゅうよう》!!
ワタシスゴイデスカ
流行の服は「今」が大切なので……
この色《いろ》は今年《ことし》の流行《りゅうこう》で…
イデスネ~
売り手が価格を維持できる
時間が経《た》つとその効力は失われるけど
その時はバーゲンの出番です
バーゲン
50%OFF
流行は必要だからつくられているんだねぇ
服《ふく》に興味《きょうみ》ないと意味《いみ》がないのも同《おな》じ
う?
キッパリ
価格下げないイイってのは分からナイデスケド
安《やす》い方《ほう》がイイ決《き》まってるデショ
え?
え?
ぶる
ぶる
ぶる
ま
とにかくバーゲンはとても楽しデスヨ!!
今年もバーゲン行きタイデスネ~
私《わたし》がバオバオ見《み》てますので行ってクダサイ…

キミ金 令和サバイバル編

アル・シャードのライナーノーツ

今回はバーゲンセールとブランドの話でした。これをまとめると、「商品価格はどうやって決まるのか」という話になります。価格がどのように決まるのかは経済学の主要なテーマの一つです。例えば今回のマンガの中で描かれている「売り手の方が商品に対する情報を多く持つ分有利」という話は、〝情報の非対称性〟と呼ばれ、その研究に成果にノーベル経済学賞が贈られるほど重要だったりします。

続いてマンガの内容の補足にいきます。バーゲンには売り手にとって在庫を減らすという効果もあります。メーカーが新商品を売り出す際、ある期間内に予想通り売れるならいいのですが、大抵はどうしても売れ残りが発生します。

そこで、値段が高いうちに買ってくれるブランドのファンだけでなく、値段が安くなれば買うという人たちにバーゲンを通じて商品を購入してもらい、在庫を減らすわけです。

そうなると、「バーゲンを待って買った方がいい」と考え、値下げを待つ人も出てきます。しかし、バーゲン期間までお目当ての商品が残っているとは限りません。多少バリエーションは減るが安くなるまで待つか、それとも値段の高いうちに確実に手に入れるか。そこは買い手が判断するところです。

またマンガの中には情報の非対称性によって売り手が有利になるケースが描かれています。しかし、売り手は常に優位なわけではありません。

例えば、同じ商品を扱う売り手が複数いる場合、原則的に買い手は値段の安い方を選ぶので、売り手は競うように値下げせざるを得なくなります。これを「価格競争」と呼びます。価格競争は利益を削るので、売り手としては避けたいところです。

そこで「ブランド」を確立して価格競争を避ける、という戦略が生まれるわけです。

とはいえ、ブランドを確立するのにも相応のコストがかかりますし、ブランドの信頼に傷がつけば一気に価値を失う危険もあります。例えばずさんな衛生管理が問題になった老舗料亭の事件など、みなさんにも心当たりがあるのではないでしょうか。

ここまで説明してきたように、商品の売買には人間がこれまで積み上げてきた叡智《えいち》が込められています。この後、さらなる叡智の一部を紹介できると思います。期待してお待ちください。

第5話 キミのお金はその後どうなったか

第6回
お金がないから社会保障費を削るという選択は
口でいうほど簡単じゃない
財務省の友だちと社会保障費について細かく検討したことがあるんだけど……
お金がかかっているのは終末期医療
特に最後の一カ月……
最後の一カ月間の延命治療はやめませんか?
社会保障費を削れば国家の寿命は延びる
なんデスかコレ?
正月2日ちょっと話題になった有名若手論客の対談……

はああああああ～
……もうね 脱力するしかない……
はじまりマシタ
うっ
この言説には三つ間違いがあります
①まず医療費 例えば高齢者全体にかかる年間医療費のうち 死亡した人の最後の1カ月の医療費は……
全体の3％程度と言われています
3～4％医療費を削らないと財政破綻する国があるとしたら
削ってもどうにもならないと思います
②「余命1カ月」と判定するのがとても難しい
医学が進歩し 治せる領域が広がるほど予測は難しくなっていくと思います
誰が決めるのそれ？
そして③ もう何度も何度も言ってますが!!
日本は財政危機じゃねえ!!
危機《きき》なのは国民《こくみん》の方《ほう》だ!!!
もう今年は正月からこんなバカな対談読んじゃって……
脱力放題ですよ……
うっうっうっ
バカバカ言いマスケド……
じわじわっ
世の中にはジンサンの方バカ思てる人いぱいデショ

じゅっ
じゅ
じゅ
まったく
その通りです
真面目に
解説して
いきましょう
しゃきーん
うっ
デスヨ
この対談に限らず
なぜか日本では
こんな変なことを
言い出す人が
絶えません
これは
私 思うに……
『生産性』を
多くの人が誤解
してるせいでは
ないか？
生産性……
なにか聞いた
ことがあるような……
例えば
2018年
杉田水脈《すぎたみお》
衆議院議員が
「LGBTには
生産性がないのに
税金を使っていい
のか」と書いて……
大炎上しました
LGBTは
生産性ナイ？
なぜ？
子供を作ることを
生産性と表現した
っぽい
また 前都知事
舛添要一《ますぞえよういち》氏は2017年
日本企業の不祥事が
続いた時に——
無資格《むしかく》検査《けんさ》とか
データ改《かい》ざんとか…
日本に対する国際的な
信頼性の低下を
危惧する
国際競争力強化の
ためには日本企業の生産性
向上が不可欠である
2017年10月27日
ツイッターにて
……なんデ？
？
なんデ？
……

生産性とは
お金とか時間とか ある一定の単位を 与えた時に生み出せる
付加価値の
効率のこと
カ
？
？
例えば月《ゆえ》サンと 造花を作る内職を 一晩したとして……
せっせっせっ
あ!!
キィヤヤヤ
月《ゆえ》サンの方がたくさん 作ると……
月《ゆえ》サンの方が 生産性が 高い!!
という こと……
生産性が高いとは
小さな力で大きな 成果を挙げる こと
楽《らく》〜
それが 労働力だと
労働生産性 が高い
それが 資本（機械や ＰＣ）だと
安価な機械で 俺が勝った!!!
資本生産性 が高い
あ――
遠い デス
は？

生活から遠すぎて
どうでもイイのカンジ
みんなも そう思《おも》テ マスヨ
どうでもよくないぞ!?
生産性向上こそ経済の大テーマだ!!
ちょっと前まで人類は90％以上が食糧の生産をしていたんだ
飢《う》えないために!!
そして西洋経済史の講義では大定番の三圃式《さんぽしき》農業
?
う
同じ土地で作物をローテーションさせることで……
生産性を上げる農法
あ――
冬穀
夏穀
休耕
小麦《むぎ》ライ麦《むぎ》
大豆《だいず》大麦《おおむぎ》
放牧《ほうぼく》とか
こういう努力があって生産性は向上し農業から解放された人々が……
新しい道具や機械を作って……
さらに生産性を向上させ続けてきたんだ
ガガガ
分かりマス
お

ワタシ子供ころ農家で苦労したダカラ!!
生産性向上すごい大事デス
メェ〜
メェ〜
メェ〜
ヒツジ百頭《ひゃくとう》の世話《せわ》を一人《ひとり》で…
生産性《せいさんせい》向上《こうじょう》なくて文明《ぶんめい》なしデスヨ…
うー
やっと分かっていただけましたか
そもそも経済学者のアダム・スミスの国富論は――
1人の人間がピンを作るより
たくさんの人でピンを作った方がより短い時間でたくさん作れる
分業による生産性の向上
ってトコから始まっているんで……
経済学は始まりから生産性向上が大テーマなんだよ
生産性
あ
で 月《ゆえ》サン
生産性をものすごく単純に言うと……
はい はい
うー
粗利です
?
うー

粗利てもらうお金から原価を引いたヤツ?
ゲッ
ゲッ
この部分
粗利
原価
売《う》り上《あ》げ
そう だいたい付加価値と一緒です
ここでクイズ
この粗利をどうやって増やせばいいか!!
パン屋の月《ゆえ》サン!!
あらひさしブリ〜
キャ
そデスネ〜
私ならお客増やしマス
キャーッ
うっ
?
なにか間違たデスカ?
いや……
正解です……
が……それは一番言って欲しくなかった正解です……
説明《せつめい》するのがメンドクサイので…
章末《しょうまつ》の文章《ぶんしょう》で解説《かいせつ》しております
他にないですか?
パンの値段上げマスヨ
UP
それも正解です!!
他には
むぐむぐ
……
はっ
……ジンサン
ワタシ言わせたい言葉ありマスネ……
従業員の給料下げる…デショ
むぐむぐ
DOWN
残念!!
給料下げても経理上は粗利は上がりません
給料《きゅうりょう》は原価《げんか》じゃないからね
が

経営者の取り分は
増えるけどな!!
粗利《あらり》
労働者の取り分
＋
経営者の取り分
むぎ むぎ
とまあ それは
置いといても……
そう勘違いしてる
人はすごく多い……
というか
生産性の向上＝《イコール》
現場がとにかくガンバる
ことだと思ってる人まで
いる……
これは超ヤバい
ことなんですよ
んっ
従業員の
給料を下げる
もしくは同じ
給料でたくさん
働かせると……
生産《せいさん》性《せい》が
上《あ》がらんのは
お前《まえ》らのガンバリが
たらんのや ｵﾗ
生産性が上がる
と思ってる人は
まだまだ
働《はたら》かんかい
重要なことを
見逃してる!!
生産性と
対になる絶対的に
重要なことを!!
それは
消費です
消費が
上がらないと
生産性は
上がりません
消費が
上がらない
と……
生産性
は上が
りません
え

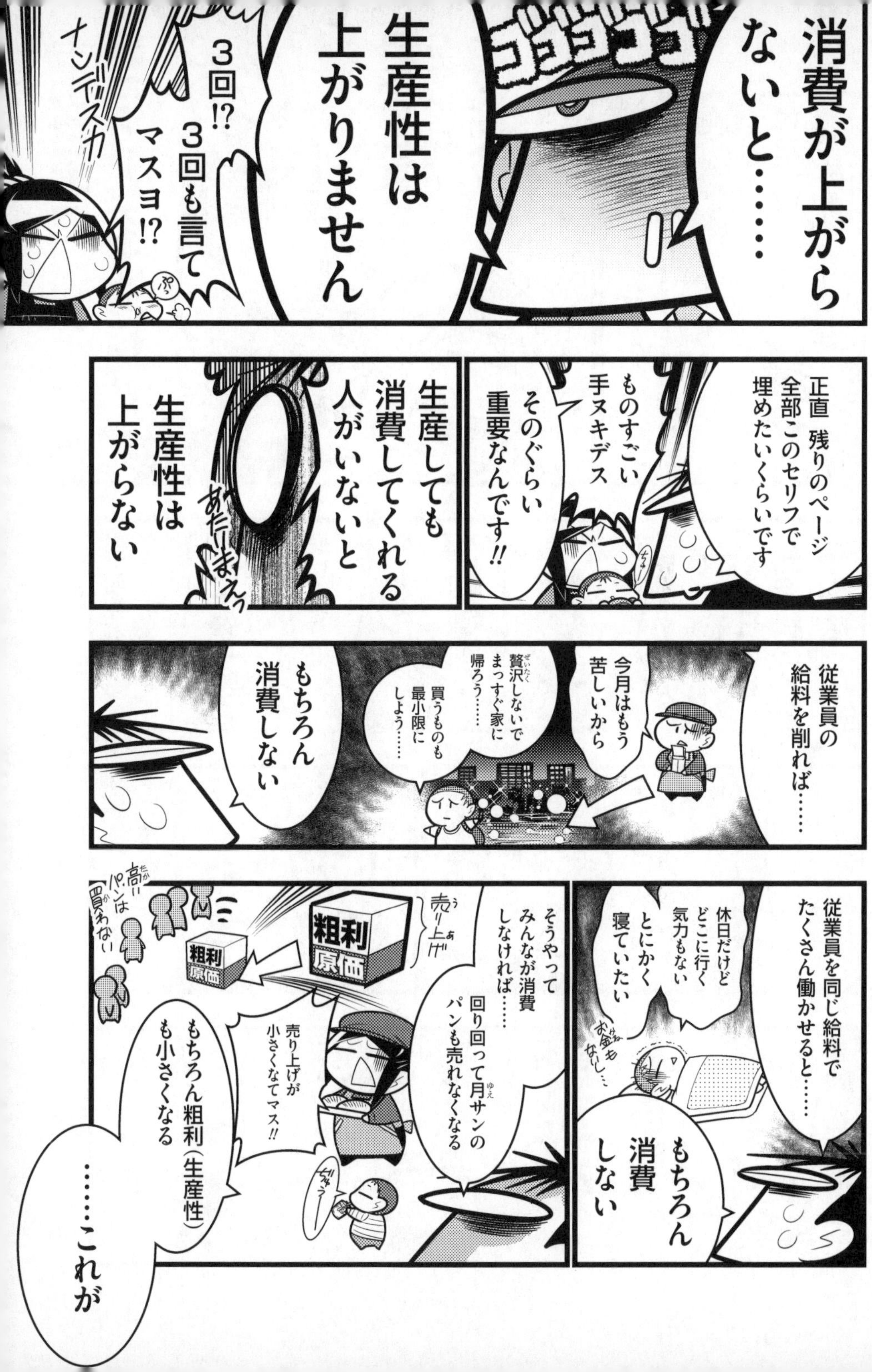
消費が上がらないと……
ゴゴゴゴゴ
生産性は上がりません
3回!? 3回も言てマスヨ!?
ナンデスカ
正直 残りのページ全部このセリフで埋めたいくらいです
ものすごい手ヌキデス
そのぐらい重要なんです!!
生産しても消費してくれる人がいないと
生産性は上がらない
あたりまえっ
従業員の給料を削れば……
今月はもう苦しいから
贅沢《ぜいたく》しないでまっすぐ家に帰ろう……
買うものも最小限にしよう……
もちろん消費しない
従業員を同じ給料でたくさん働かせると……
休日だけどどこに行く気力もない
とにかく寝ていたい
お金《かね》もないし…
もちろん消費しない
そうやってみんなが消費しなければ……
回り回って月《ゆえ》サンのパンも売れなくなる
売《う》り上《あ》げ
粗利
原価
粗利
原価
高《たか》い!! パンは買《か》わない
売り上げが小さくなてマス!!
もちろん粗利(生産性)も小さくなる
……これが

今の日本で起こってることだ!!
日本の生産性がG7で最下位なわけだよ!!
困りマス……
ブー…っ
例えばLGBTは生産性がないから
税金を使うのはどうなのかって発言
税を使うのはどうなのか!!
というわけで使いません
日本《にほん》政府《せいふ》
となると
政府がお金を使わない分
本来お金をもらえたはずの人にお金が回らないから……
お金《かね》がないから消費《しょうひ》できませーん
生産性が下がる
DOWN
税金を使わない分どこかで使わないといけないデショ?
知《し》ってマスヨ
それ!!
ゲプ
国際競争力をつけるために生産性向上……って話は……
これはイイものだから高くても買う!!
っていう人がいないとそもそも成り立たない
なんでデスカ?
買う人たちがお金がなくて……とにかく安いものが欲しいなら
ぶー…っ
企業は高品質なんか目指さないだろ
手をぬいて安くしようとするよね?
ムダをはぶけ!!
とにかく安く!!
企業

無資格検査とか
データ改竄《かいざん》とか……
それで起こったんじゃないの？
……ってのはまぁ置いておくとしても……
置いておきたくはないが…
買う人たちは質の高いものには高いお金を払う!!
企業
という常識がなければ企業は高品質を目指さないのです
儲《もう》からないから
デスネ〜
つまり!!
舛添前東京都知事が言うように……
日本企業の国際競争力を強化したいなら……
日本人みんながよりお金を使えるようにする必要があるのです!!
海外の人たちが消費するダメデスカ？
むしろ安定するよ
海外からの消費でもいいんだよ……
でも日本の場合輸出依存度が先進国の中でアメリカに次いで低く……
国内経済が大きすぎて海外需要では支えられないのです
それが日本の現実です
だから日本人がお金持たなきゃダメなの
あーーー
なるほど……
さあ
ここまでくれば分かるでしょう
社会保障費を削れば国家の寿命は延びる
これがいかに現実を見ていない夢物語か？
どうしてこんな夢想が生まれてしまうのか!!
キミのお金を消しているのは何か？

この人は「どうせ死ぬんだから
お金は使わなくていい」
「そのお金はムダ」
思てるケド
誰にとってのムダかは考えてナイデス
………
どしましタカ？
いや……最近の月《ゆえ》サン本当にすごすぎ……
ちょっとおかしくない？
あらそデスカ
ウレシーネ〜
ガバッ
ムダにお金を使わない
現場の人間がとにかくガンバル
すると生産性が上がるんや
みんな幸せになるんやなぁ
つまりコレが間違い
デスネ
人類は生産性を向上させ豊かになった
つまり消費によって豊かさを生み出してきた
消費がなければ生産性は上がらない
我々はもっと「ちゃんと消費する」ことに向き合うべきなんだ

キミ金

令和サバイバル編

アル・シャードのライナーノーツ

今回は「生産性と消費の関係」の話であり、「生産性」に関する誤解を解きたいという話でもあります。注意してほしいのは「経済学的に正しくない言葉を使っている」ことが問題ではないことです。消費を軽視して、安易に「無駄を削ろう」となりがちな社会的傾向を問題にしています。

さて、マンガの中で語られているように、生産性と消費は強く結びついています。例えば、理髪店などは商品の在庫を持っていませんが、散髪やひげそりという消費をすると同時に生産性が発生します。

今回の漫画のきっかけとなった医療も、治療限定でいえば消費と同時に生産性が生じるケースの一つです。医療費を削るのはコスト削減にみえても、実は社会全体の消費を削り生産性を下げただけだった、ということになりかねません。

また、マンガの七十七ページ目でパン屋の月サンが「粗利を増やす方法」として「お

客を増やす」と答えた結果ジンサンが苦しむ、という描写があります。なぜジンサンがこんな反応をするのかというと、月サンの回答が「需要と供給」という経済学の大テーマに突っ込むことになるからです。いずれ、この話は詳しく説明しますので、それまでお待ちください。

そして月サンの回答は厳密にいうと「正しい」というよりは「間違ってはいない」という方が正確です。なぜならパン屋さんがお客を増やしたくても増えるとは限らず、またお客が増えても生産性が下がる可能性もあるからです。

例えば、パンを値下げすればお客さんの数は増えるかもしれませんが、生産性（粗利）は減る可能性があるわけです。

最後に、「無駄を削ろう」という意見に反対するのは難しいものです。それは、無駄はない方がいいに決まっているからです。しかし実際に「無駄だけを削る」のは至難、というより事実上不可能です。

特に社会保障に関わる問題の場合、それが「無駄」なのかどうかは厳しく疑うべきです。さもないと人命や社会の維持を損ないかねないからです。

そして、社会保障費を削り、社会の消費を減らしたら国家の寿命が延びる、なんてことがあり得るのかどうか、あなた自身の命が削られる前に考えてみることをお勧めします。

第6話
キミのお金はその後どうなったか
この回も人気ありました
生産性向上
デスカ
日本の生産性が上がらないのは――
イノベーションが足りないからだ
80年代《ねんだい》には日本《にほん》にあったイノベーションが今《いま》や…
こういう人がよくいいます
イノベーション？
技術革新とか今までにない創意工夫をして新しい価値を生み出すこと
今《いま》までになく新《あたら》しい『なにか』
いのべーしょん
重要なことだから何回でも言います
このサギ師がおおおお
消費が上がらないとイノベーションも生まれません
消費が上がらないとイノベーションなど生まれません
またデスカ!?
デフレ下ではモノの値段が下がり給料が下がり
モノが売れない
デスネ
つまり企業は技術革新よりもリストラを選択するんだよ
その方が儲かるから
現《げん》にそうなってるでしょ？
給料が下がってあまつさえクビになるかもしれないのに社員がイノベーションを生み出すわけがない!!
あ～～
100回でも言うわ!
消費が上がらないとイノベーションも生まれないのです!!!
しつこいデス

第7回

個人の貯金は不幸に耐える力

このマンガはデスネ〜

毎回結論がだいたい同じで…

お金使えデショ

うっ

おう〜っう〜ぐう〜っう〜にゃ〜にゃ〜

じゃあ貯金は悪デスカ!?

貯金するはダメデスカ!?

おかしジャナイ!?

ううっ!!

ひ〜えひ〜え

貯金がないと死んでしまいマスヨ

使うより貯金大事!!あたりまえデショ!!

貯金がないとなんで死んでしまうと思いますか?

はあ!?

ひっちゅひっちゅ

歳取《とし》テ収入がなくなたり
病気した時困るデショ!!
うう……
まさに正解!!
まずね
このマンガで今お金使うべきって言ってるのは日本政府に対してで
個人の貯金はもちろんあった方がいい!!
月《ゆえ》サンがビル・ゲイツじゃない限り
超《ちょう》お金持《がねも》ちは話《はなし》が別《べつ》
国と個人は違いマスか?
じっ
月《ゆえ》サンはお金を発行できないでしょ?
国はできる
デキナイデス
だから
『日本の借金を家庭に置きかえると?』云々《うんぬん》
言うヤツはたいてい……
ってのは置いといて……
本当《ほんと》は置《お》いておきたくはないが…
ぶつぶつ
また はじまりマシタ
個人の貯金は不幸に耐える力《ちから》なのです!!
井上純一
BANK
じっ

ゆえに 個人の 貯金はできるなら した方がいい
げーん!!
たとえば 交通事故を起こした として……
もしも 貯金が なければ……
人生一発で 詰んじゃう!!
電柱一本《でんちゅういっぽん》 最悪《さいあく》 数百万《すうひゃくまん》
いやっ
保険は?
保険は?
……
いやっ
じゅ…… 順番に 説明しようと 思ったのにぃ……
もう恒例《こうれい》になりつつある 月《ゆえ》サンの段取《だんど》り崩《くず》し…
いじゅし じゅし
あら またやてしまい マシタカ
じゃあもう 言っちゃう けど…… 貯金と保険は 不幸という怪物に 立ち向かうために 人類が創り出した……
武器だ!!
不幸
保険
貯金
ゲッキャッ ゲッキャッ
そしてその「不幸という怪物」の 向こうには……
世界経済 最大の敵が!!
えええええ

と その前に 保険の歴史を おさらいして おきましょう
保険は たいへんに 歴史が古く…… 『お金』の ちょっと後にはもう 生まれています
古代《こだい》オリエントの 時代《じだい》…
へ――
現在の保険に 直接連なるのは 14世紀頃の地中海 貿易の「海上保険」 でしょう
なんで今《いま》でも 保険会社《ほけんがいしゃ》の 社名《しゃめい》は海関係《うみかんけい》 多《おお》いの
?
?
このころの貿易は 船が沈むと大損害 帰ってくると大儲《もう》けの とんでもない ギャンブルで…
あ!!
分かりマシタ!!
タイタニクことデショ!!
ゲッ
ゲッ
ぜんぜん ちがう!!

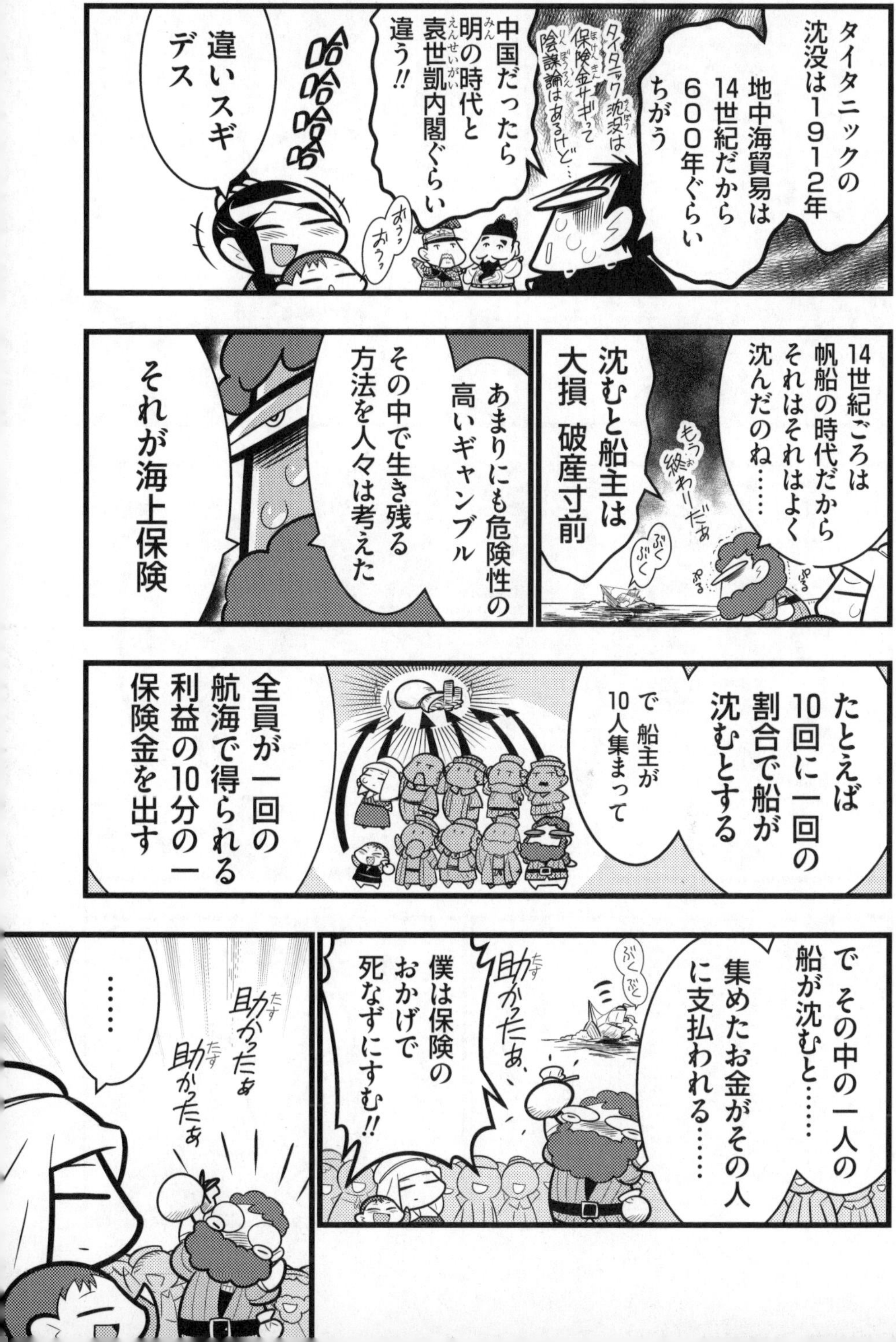
タイタニックの沈没は1912年
地中海貿易は14世紀だから600年ぐらいちがう
タイタニック沈没《ちんぼつ》は保険金《ほけんきん》サギって陰謀論《いんぼうろん》はあるけど…
中国だったら明《みん》の時代と袁世凱《えんせいがい》内閣ぐらい違う!!
おうっ おうっ
哈哈哈哈哈
違いスギデス
14世紀ごろは帆船の時代だからそれはそれはよく沈んだのね……
沈むと船主は大損 破産寸前
もう終《お》わりだぁ
ぶくぶく
ぷる ぷる
あまりにも危険性の高いギャンブル
その中で生き残る方法を人々は考えた
それが海上保険
たとえば10回に一回の割合で船が沈むとする
で 船主が10人集まって
全員が一回の航海で得られる利益の10分の一保険金を出す
で その中の一人の船が沈むと……
集めたお金がその人に支払われる……
ぶくぶく
助《たす》かったぁ
僕は保険のおかげで死なずにすむ!!
……
助《たす》かったぁ
助《たす》かったぁ

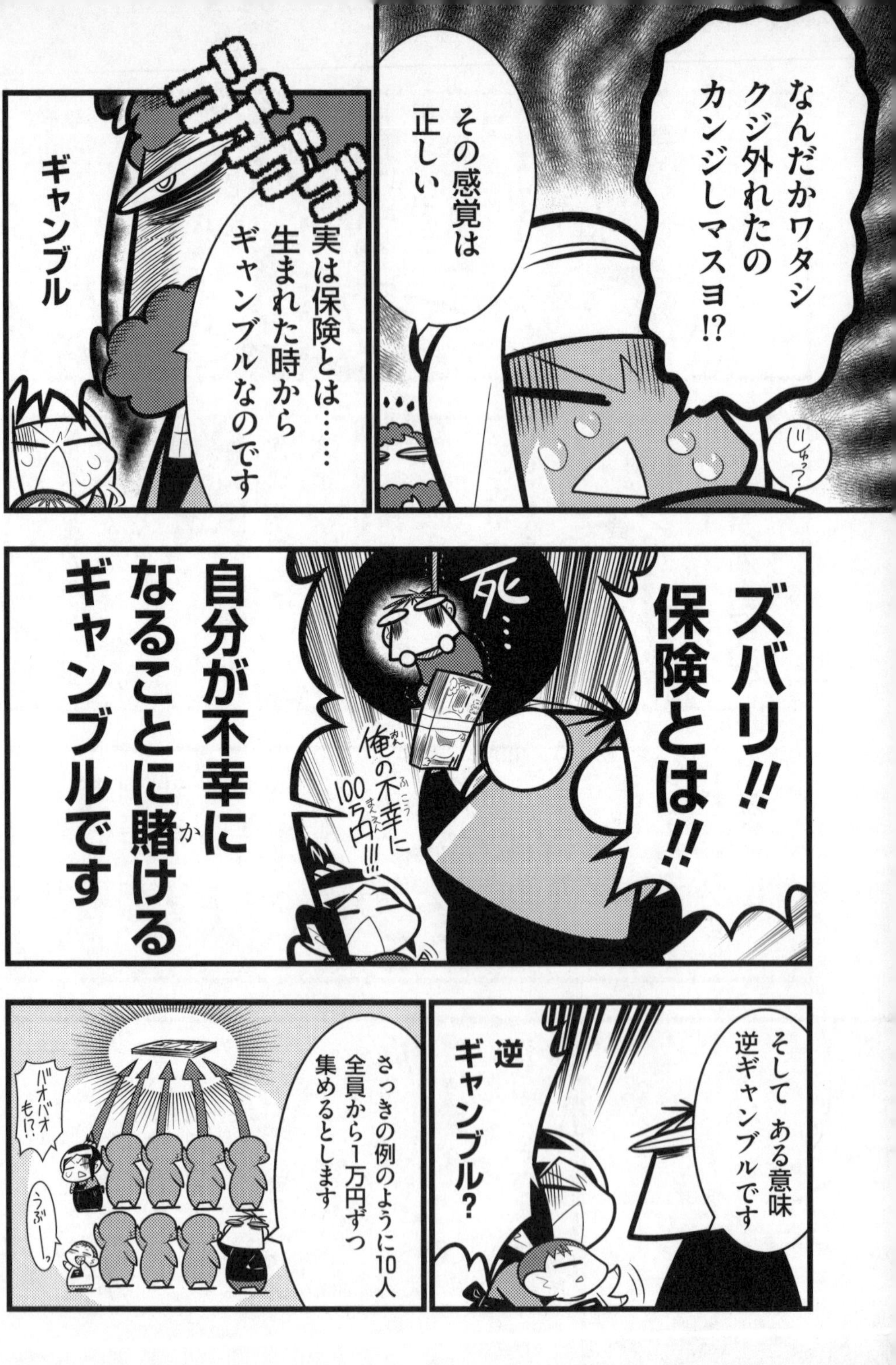
なんだかワタシ
クジ外れたの
カンジしマスヨ!?
その感覚は
正しい
ゴゴゴゴ
実は保険とは……
生まれた時から
ギャンブルなのです
ギャンブル
ズバリ!!
保険とは!!
死…
俺《おれ》の不幸《ふこう》に
100万円《まんえん》!!!
自分が不幸に
なることに賭《か》ける
ギャンブルです
そして ある意味
逆ギャンブルです
逆
ギャンブル?
さっきの例のように10人
全員から1万円ずつ
集めるとします
バオバオも!?
うぶーーっ

これがクジだったら一人が当たって9万円得をします
当《あ》たったぁ!!!
他の9人は相対的に不幸になります
?
つまり9人で一人を幸福にしてるわけ
9人を不幸にしてるマスヨ
そして保険の場合は――
助《たす》かったぁ…
9人で一人の人間の不幸を救ってるわけ
つまり逆ギャンブル!!
いや おかしデショ
え?
…
クジの時と同じで9人は1万円失てるダカラ
9人は損して不幸デショ
不幸をふやしてマスヨ
ギャンブルも保険《ほけん》も不幸《ふこう》をふやしマスヨ
あ――
うっ
うー
月《ゆえ》サンはたいへんなコトを見落としております
そしてそれは月《ゆえ》サンだけでなく多くの日本人が見落としてるのです
月《ゆえ》サンだけじゃないよ…
なんデスかそれは!?
むっ!!
うっ
……それとは
それは14世紀の人々がなぜ海上保険を作ったのか? という理由でもあります

経済的不幸は感染症のように広がっていくことです
不幸
不幸はその人だけで終わらない
お金がないという不幸はどんどん連鎖し……
多くの人を巻き込んでいく
たいへんに恐ろしいものなのです
怪物です
ええええ
どゆことデスカ!?
たとえば私が死んだとします
DEAD
ああああ
もすごいイヤ考えるもイヤデス
考《かんが》えたくナイデス
月《ゆえ》サンは生命保険入る時にこの話したら夢に見ちゃったぐらいだからね……

でまあ
現実には保険に入っておりますが
仮に入っていなかったとすると……
月《ゆえ》サンはバオバオが小さいので働きに行けない
デスネ
しかたなく親族をたよったとする
お姉《ねえ》さんのうちへ…
すると月《ゆえ》サンの親族の家計が苦しくなる
苦しい親族は周りからお金を借り……
その上で働きすぎて倒れたりしたとしたら……
あああああ
考えるだけでツライデスヨ
そんなにめずらしい話じゃないよね?
14世紀の地中海貿易の時も同じでね
船が沈んで破産しました…
えーっ
その船主がやとってた人全員が失業しちゃうし
もうダメだぁ
明日《あす》からどうすれば…
出入りの業者が連鎖倒産したり
問題が拡大していく……
だから1人を救うことはみんなのためなんだよ
保険
保険はその負の連鎖をたち切ることができる
とても重要なものなの!!

貯金や保険はワタシためであり
みんなためナンデスネ〜
それ!!
まさに
そしてこれは国の社会保障にも言える
貧乏人は自己責任!!
食えないなら死ねば?
俺たちの税金をムダ遣《づか》いするな!!
あ〜っ
こういうことを言う人たちは分かってないんだ 貧困という怪物を!!
オオオオオオ
税金《ぜいきん》をムダにするなぁ!!!
次に食われるのは自分たちかもしれないのに…
アブナイデスヨ
アハハハ
アハハハ

国の社会保障は
個人の貯金や保険
という網から
もれて生まれた
不幸の連鎖を――
たち切り
多くの人を救う
とても重要な
ものなのだ!!
そして
敵 経済的不幸の
後ろにいる……
人類の真の敵
とは……
ゴオオオオ
不確実性です
不確実性
不幸
不幸
不幸
オオオオオオ
不確実性こそ
経済的不幸の源
そして 絶対に
倒すことのできない
真のラスボス
未来《みらい》は絶対《ぜったい》に
予知《よち》できない
オオオオオオオオオ
未来そのもの
ダカラ倒すムリ
デスヨ……
キミの財産《おかね》は
この怪物《モンスター》によって
消えるのか？

我々はこの不確実性に古来立ち向かってきた
まったく予想できない未来にどう経済的に対抗するか
貯金
保険
うぇー
それが貯金であり保険であり
社会保障だ
社会保障
社会保障が充実するほど あなたが経済的不幸にまきこまれる可能性が減る
はい
これこそが不確実性に対する我々の武器だ!!
ドーン
でも社会保障削る議論はすぐ出てくるデシュ
今《いま》も
現行の制度に問題がないわけじゃない
我々は社会保障制度を変える時には……
この「不幸を拡大させない」という機能を削ってはいないか……
あれが最後《さいご》の不確実性《ふかくじつせい》とは思《おも》えない……
常に見張っていかなければならない……
保険や社会保障は社会の基盤なのだ
うー

キミノ金 令和サバイバル編

アル・シャードのライナーノーツ

　今回は令和サバイバル編第一回で挙げた、「お金を貯める」話です。貯蓄は経済に関する用語では「所得のうち消費されなかった」お金を意味します。
　個人の貯蓄は悪い事ではありません。とはいえ、世界の超大金持ちたちがお金を使わずに貯めるとなると社会に大きな影響を与えます。
　なので、緩やかに物価を上昇させたり、お金を使うと税金が安くなるなど、お金持ちにお金を使わせる工夫が必要になってきます。
　お金の形で貯蓄を持つことは重要です。例えばお米だとある時期を過ぎると食べられなくなってしまうため、時間とともに価値が下がります。また、貯蔵に大きな倉庫が必要となるのも問題です。
　その点（物価による価値変動はありますが）お金は、価値は劣化せず、預金通帳程度のスペースしか占有しません。他のモノやサービスとの交換も容易なことも利点です。
　次に保険の話をしましょう。念のために書いておくと、マンガの中で描かれている保険の数値はわかりやすくするために簡略化したもので、実際にはもっと複雑な計算を基に保険料率は決まります。
　また、マンガ中の例でいうと船が一隻も沈まず、誰も「不幸にならない」ケースもありえます。その場合はギャンブルでいえば「親」に当たる保険会社が得をすることになります。

　また、保険という商品はその性格上、サービスの提供より先にお金を集められるという特徴があります。ビジネスでは対価の回収に大きなリスクがあるのですが、その点では保険は優れた商品です。
　ただし、大規模な災害などがあった場合、保険会社は多額の支払が発生するというリスクがあります。保険会社が潰れたりしたら、被災者は救われませんね。そんな事態に備えて、保険の保険ともいえる〝再保険〟という制度も存在しています。
　貯蓄、保険、社会保障。これらが〝不確実性〟と戦う武器になるのは、個人では立ち向かえない事態に周囲の手を借りて対応することができるからです。
　人は一人では自分が生きるのに必要なものを揃えることができない生き物です。
　自分が不幸に見舞われないと、意識するのは難しいかもしれませんが、せっかく築き上げた生き残るための仕組みを、きちんと活かしていきたいものですね。

経済的不幸は感染症のように広がっていくことです
不幸はその人だけで終わらない
不幸

第7話 キミのお金はその後どうなったか

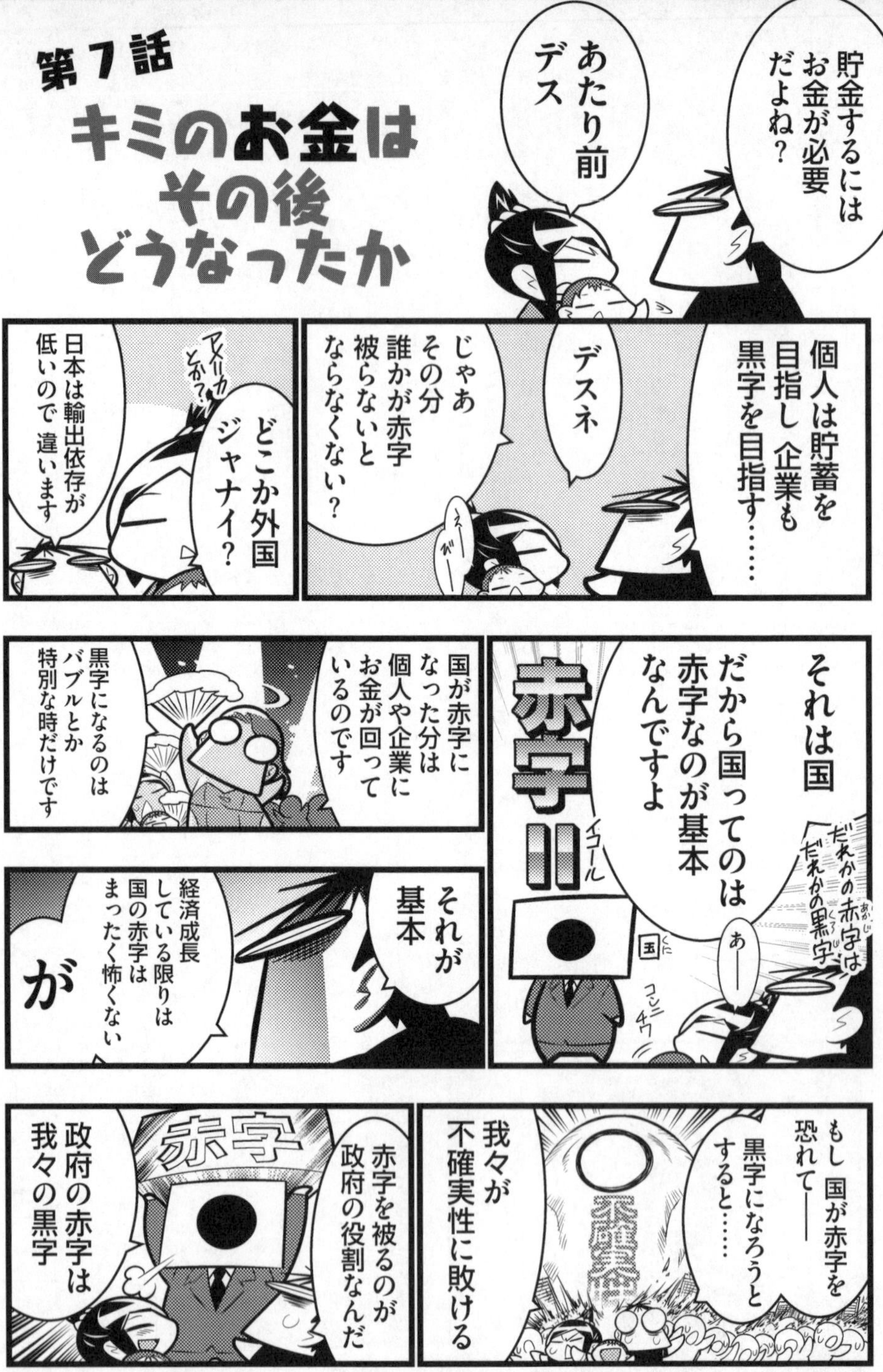

貯金するにはお金が必要だよね？
あたり前デス
個人は貯蓄を目指し 企業も黒字を目指す……
デスネ
じゃあその分誰かが赤字被らないとならなくない？
どこか外国ジャナイ？
アメリカとかで？
日本は輸出依存が低いので 違います
それは国
だから国ってのは赤字なのが基本なんですよ
赤字
イコール
国《くに》
「だれかの赤字《あかじ》はだれかの黒字《くろじ》」
あー
コンニチワ
国が赤字になった分は個人や企業にお金が回っているのです
黒字になるのはバブルとか特別な時だけです
それが基本
が
経済成長している限りは国の赤字はまったく怖くない
もし 国が赤字を恐れて――
黒字になろうとすると……
我々が不確実性に敗ける
赤字
赤字を被るのが政府の役割なんだ
政府の赤字は我々の黒字

世界を二分する「市場」の戦い

※環境保護政策に政府が出資して新しい産業や雇用をつくり出そうという政策

※限界税率は「所得の増大についてかかる税率」のこと

それは「市場」を巡る戦いなので
ここで「市場」を理解しておく必要があります
えー
びーし
月《ゆえ》サンは「市場」が何か分かりますか？
？
簡単デショ 漢字見れば分かりマスヨ
これは
市場
売ったり買ったり 売ったり買ったりの意味デスヨ
すっ……すごい……
正解!!
月《ゆえ》サンのことだから「市場《いちば》のコトデショ」とか言うと思ってました
スミマセンデシタ!!
あら正解デスカ
えしっ えしっ
月《ゆえ》サンの説明で分からない人は――
市場と逆の立場を考えるといい……
えしえし
市場の逆？
市場経済の逆は――
統制経済です

たとえば日本だとバター!!
バター?
?
実はバターは農家が勝手に作ってるんじゃなくて
日本政府が牛乳の価格を決めてるんだよ
へー
飲用《いんよう》、加工用《かこうよう》と用途別《ようとべつ》に価格《かかく》決《き》めてます
その値《ね》で採算《さいさん》が合《あ》うよう生産《せいさん》します
ほら 数年前にバター不足騒動あったでしょ?
う
ありマシタネ——
政府が決める価格差がしっかり需要動向とみあってないと…
よし今年は減産の方向で
供給不足の製品の値段が上がっちゃう
バター需要《じゅよう》
1月 2月 3月 4月 5月 6月 7月
バター バター
え——!? なんで今年 みんなそんなにバター!?
そしてバターは輸入が制限されているので
スミマセン
バターねえよ
価格が高騰したり 品切れしたりするの
なんとかしてよ
で ここで重要なのは——
売り手
農家《のうか》・工場《こうじょう》 流通等《りゅうつうとう》ふくむ
国
買い手
バターよこせー
国が挟《はさ》まてマスネ?

月《ゆえ》サンの言う売り手と買い手しかいない世界が
「市場」
売り手
買い手
わかりやすいデス
う…
値段は売り手と買い手の関係だけで決まる
価値《かち》
売り手《て》と買《か》い手《て》がいれば市場《しじょう》はどこにでも生《う》まれる
価値《かち》が生《う》まれるヤツ
コレ昔やりマシタネ!!
ここに第三者が挟まって値段や生産量を決めるのが……
統制経済
これは○○円で売ってね
第三者
第三者
買うのは○個までね
この第三者が価値や量を決める
コンニチワ
たいていの場合第三者は国家
国家!!
なんかめんどくさいのカンジ
そう思った人は多くてね……
みんなが欲しいものを欲しい値段でやりとりする!!
ムダも生まれない
市場経済はシンプルで美しい
市場経済最高
これが市場に対する一つの派閥
市場肯定派
でもコレ間違いデショ
わー

じっ
じっ
ぱっ
な……
なぜ 間違いと……
最近《さいきん》本当《ほんとう》スゴイ
たとえば デスネ?
さっきの バターの 話デスと…
バターが 足りないから 買い占めろ!!
転売 転売
むう…… これは投資の チャンス!!
資
もっと 買《か》えませ～ん
こういうの 止められない デショ
正解
市場経済の 欠点の一つは……
内部から コントロール できないこと です
ぎゃ～ん
だから インフレになると どんどんインフレに なり……
物価《ぶっか》
ぎゃ～ん
デフレになると デフレ スパイラルで なかなか回復 しない……
いやあ でも 超長期的に見ると 安定するんですよ
あはは
と言う 市場肯定派に 経済学者 ケインズは言った
超長期的に見れば 我々は必ず死ぬ
いつかは安定 するから放って おいていい……
どうせ死《し》ぬから 放《ほう》っておけってどう?
ってわけには いかないよね
それはそうデス
もう一つの 欠点もやっかい だよ
市場経済は 最終的に必ず

巨大な経済格差が生まれてしまう
市場経済は富が集中していく構造を持ってる
金持ち
富があまりに集中すると経済が回らなくなっていく
お金《かね》ないからムリ…
お前《まえ》らもっと金《かね》つかえよー
でふれ～ん
金持ち
インフレ、デフレの暴走格差の拡大……
市場経済は放っといたらうまくいかない…
そこで
市場経済を国が外からコントロールしよう!!
永遠《えいえん》に続《つづ》く市場《しじょう》を考《かんが》えよう!!
これが市場に対するもう一つの派閥
社会主義
あ――――
しかしここでもっと過激派が生まれてしまう!!!
ゴゴゴゴゴゴ
社会主義は対症療法であり――市場経済の問題を根本的には解決できない
カール・マルクス
フリードリヒ・エンゲルス

俺たちなら
もっと根本的に
解決する
それが科学的
社会主義!!!
オオオオオ
あっ
これ
ヤバイヤツ
デスヨ!!
そう
みんなが必要な
ものを必要な
だけ生産し
必要な分だけ
みんなに配る
公正公平!!
ムダも出ないし
貧富の差も出ない
オオオオ
NEXT
市場経済
それが
共産主義的
計画経済!!!
やぱり
……
共産主義の
根幹は
「計画経済」
未来の需要を見こして
計画的に生産する……
……んだけど
未来の
需要は
誰にも予想
できないし……
一度計画しちゃうと
変更するのに
とてもコストが
かかる……
結果——

共産主義は大失敗に終わった……
昔 中国デスヨ……
ええ
共産主義の 世界をまきこんだ大実験で分かったのは
市場
市場を否定するともっと酷《ひど》いことになるってこと
というわけで市場に対する二つの派閥だけが残ったんですよ
二つの派閥…… なんでしたケ?
一つは
市場肯定派
市場はとにかく自然に放置しておいた方がいいという派閥
自然が一番!!
市場は自由なほどうまくいく!!
経済学者フリードマン
政府の役割は金利の上げ下げぐらいにとどまってるのがいい
別名小さな政府派
税金は安く!!
政府はなにもするな!!
自由万歳!!
もう一つは
市場が問題を解決するには長い時間がかかる
経済学者ケインズ
我々が死んでしまう前に政府が短期に問題を解決すべきだ

不況の時は国が大がかりな公共事業をやろう
市場《しじょう》をコントロールしよう!!!
社会保障を充実させて経済弱者を救おう!!
別名大きな政府派
おー…?
イイカンジじゃナーイ
大きな政府派にも問題はある
アリマスカ
う
まず公共事業とか社会保障とかで……政府がたくさんお金を出す
うぉ〜…
するとー市場にお金があふれるわな
お金があふれすぎるとお金の価値が落ちる……インフレになりすぎるので
政府は増税してお金を回収する必要がある
ようは税金高いのコトネ
で 大きな政府と小さな政府はどちらが正しいデスカ
うー…
ようは経済の動向に影響を与えられる人を増やした方が世界は安定して発展するのです
なのでバランスです
?
大きな政府はやりすぎると中国共産党みたいになる
党《とう》に近《ちか》い人間《にんげん》だけが経済《けいざい》の動向《どうこう》を決《き》める
そして下手《へた》するとソ連《れん》のように……
小さな政府は超お金持ちのみが残り 経済が回らなくなる
金持ち
今は 小さな政府が限界にきてるとみんな思ってるので……
オカシオコルテスさんの奇跡が起こったのではないでしょうか?
ソデスカ
そして キミのお金が消えてる日本では──

日本では――
小さな政府派の皆さんへは――
デフレだけど……
増税します
えええええ
大きな政府派の皆さんへは――
社会保障費を削ります
公共事業も削ります
公共《こうきょう》サービスも減《へ》らします
えええええ
小さい政府でも大きい政府でもない!!
オオオ
バランス取るなら日本政府正しじゃナイ?
両方の景気が悪くなる政策だけ選んでます
なぜか…
う
ダメデス!!
そうデス――
オオオー
なので小さな政府を望む人は……
減税しろ!!
大きな政府を望む人は
社会保障と公共サービスを充実させろ!!
と日本政府に伝えましょう…
とにかく今《いま》はダメ
ぐっ

キミ金

令和サバイバル編

アル・シャードのライナーノーツ

今回はアメリカで起きた政治的な変化から展開して、市場を巡る二つの立場についてのお話です。なお、話題の切っ掛けとなったアレクサンドリア・オカシオ＝コルテスは名前が長いため、アメリカでは「AOC」と略されているそうです。

彼女の特異性は主張だけでなく、その反響にあります。以前なら「共産主義者め！」などと言われ、見向きもされなかったであろう主張を、支持する民衆が少なくないのです。その理由はアメリカの経済格差と、それを助長する政策への不満にあります。

自由を掲げながら、実はお金持ちのための政治をする人たちへの抵抗運動ということです。

今回はマンガの中に多くの人物が登場します。それぞれの主張をわかりやすくするために、整理してみましょう。論点は「①価格機構は自由であるべきか」、「②政府は総需要の不足に対応すべきか」、「③所得格差は是正すべきか」の三つです。

マルクスなどの共産主義的な計画経済では、「①否、③是」です。「①（市場経済）」を否定するので②の論点は登場しません。

ケインズ主義では「①是、②是、③一部分是」になります。③の一部を是とするのは「経済的な格差が総需要を低下させる」と考えるからです。

対して市場の自由を重んじる人たちの考えは、「①是、②否、③否」となります。

オカシオ＝コルテスの主張はケインズ主義にやや近く、②と③の重要度が逆転しているようです。

最近では市場経済を全否定する人は少なくなっています。これはソビエト連邦や中国共産党政権の下で、数千万人もの餓死者を出すなど、計画経済の失敗が知られたことが関係しているでしょう。

とはいえ、オカシオ＝コルテス支持にみられるように、市場に対する楽観への懐疑も強まっています。

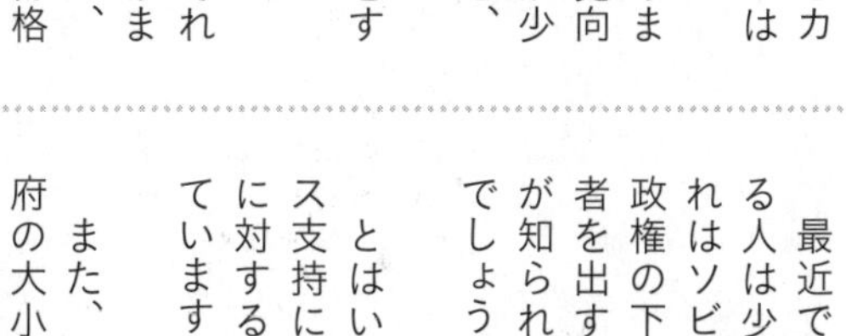

共産主義は大失敗に終わった……
昔中国デスヨ……
ええ

また、マンガではもっぱら政府の大小を、予算の大小で語っていますが、他にも政府権限や介入規模の大小という論点があります。近年は世界的に「規制緩和」と称して政府の権限や介入を抑える方向に進んできました。しかし、その結果リーマンショックのような金融危機が起きたとの批判もあります。

結局のところ、全社会に通じる万能の処方箋はないのでしょう。ノーベル賞経済学者のスティグリッツが言うように、「問うべきなのは、どんな規制が良い規制なのか」ということなのだと思います。

第8話 キミのお金はその後どうなったか

不確実

第9回 なぜ消費税はなくならないのか

そんな消費税悪いなのに
なんでたくさんの国が消費税やてマスか？
なんでデスか？
……まずですね 消費税は絶対悪じゃない
消費税にも良い面がある
ムリデス
は？
ここまでず〜〜っと消費税悪い言ってきたデショ
それを今さら悪くない言うはムリデス
誰《だれ》も信じないデス
……なるほど
……ついに語る日が来たようですね……
消費税の良い面

まずオランダとベルギーの国境を見てみましょう
オランダ
ベルギー
？
オランダとベルギーの国境はとても複雑です
え!? ここもベルギーデスカ!?
オランダ
ベルギー
飛地といいます
飛地は本当に変なトコで……
玄関はオランダ
家の中はベルギー
ベルギー
オランダ
なんてことが平気でおこる
そんな家の税金をどちらの国が取るのか……
とても困ると思いません?
思いマス
オランダ
ベルギー
おー
おー
そこで両国は考えた
玄関のある方の国が税を取る!!
というわけで玄関のある国が増税しました……
どうする?
もちろん反対側にドア作りマス!!
ゲッ
ゲッ
というように

ヨーロッパは国境がたいへんに入り組んでおり
どこの国が税を取るか実にめんどくさい
なので各国は考えた
物品
おーっ
物に課税する!!!
物を積んで関所を通ると……
お金を取る……
簡単!!
という感覚がそのままVAT(付加価値税)つまり消費税に……
ヴィ～
でも
日本は国境簡単ジャナイ
島《しま》～～っ
なんで消費税
なんで?
う……
う～
では言いましょう
消費税が持つ最大の力
ゴゴゴゴゴ

物の値段(物価)を下げる力です
キャア
値段
だめダ
えええええ
ずと物の値段下がるダメ言てるデショ
デフレデスヨ
消費税だめダ
ええ゛ええ゛ええ゛
いえそんなコトはないよ……
物価を下げるのはダメなことじゃないよ…
いつもと言てるコトちがうマス
うー
よし!!
消費税がうまく働いた例として
アイスランドの話をしよう!!
ちなみに今回のお話は——
草思社《そうししゃ》※『経済政策で人は死ぬか?』を元にしています
良書《りょうしょ》です
とデスか

※デヴィッド・スタックラー＆サンジェイ・バス(著)　橘明美・臼井美子(訳)『経済政策で人は死ぬか?——公衆衛生学から見た不況対策』(草思社)

アイスランドは北欧の島国で……
なんと人口は約35万人
グリーンランド
アイスランド
ノルウェー
イギリス
新宿区と同じぐらい!!
日本《にほん》は東京都《とうきょうと》だけで約《やく》1400万人《まんにん》
はは〜ん
こういう国はお金持ちデスヨ
ワタシ知《し》ってマスヨ
なんで悪《わる》い顔《かお》!?
正解!!
アイスランドは欧州の大国に比べて税金が安く……
イギリスをはじめ世界中からお金を集め運用してた
それが2008年のリーマンショックで……
大崩壊!!
ぎゃーっ
国は破綻寸前!!
おおおお
物価上昇率は5%→12%超に
2年《ねん》で物価《ぶっか》が1.5倍《ばい》を超《こ》えた
ドロボー金返せ!!
と英国《イギリス》に本当に言われた
ドーン
ドーン
そこで奴がやってくる……

IMF
国際通貨基金
ドン
IMF
よう
国が潰《つぶ》れ
そうなんだって？
お金貸して
やるよ
ヘ
コンニチワ
ヨカタネー
……
それがねぇ
お金貸して
やるから
政府は金を使わず
増税しろ
ドン
IMF
緊縮スタイルの
お金貸すダカラ
あたり前
デショ
これは
IMFの
決まり文句で
だいたい
いつも
コレ言うんだよ
日本にも
言うぞ
ギリシャも
そう言われて
緊縮して……
IMF
おおお
今も
大混乱を
引きずっている
で アイスランドは
悩みに悩んだ
……どうしよう
IM
ゴゴゴゴゴゴ
悩んだ末に国民投票で
決めることにした
ワイ
ワイ
そこで決まった
ことで……
アイスランドは奇跡の
復活をとげる!!
ギュ
IM

決まったこと その1!!
銀行は救わない!!
もう知らなーー!!
銀行は潰れるなら潰れて
ひえええええ
ええええええ
その前にアイスランドは潰れそうな銀行を全部国営化してて……
その銀行たちの借金で首が回らなくなってたの
ゲゲゲ
でも貸したお金戻ってこないトカ損する人いぱいデショ
タイヘンデス…
バロボーッ
特にイギリスがカンカンになった
それについてアイスランドは……
う
でもさあ銀行で儲《もう》けてる人って……
アイスランドの国民の中で二百何十人しかいないし……
その人たちのために国民全員が苦しむのっておかしくね?
というわけでお金を貸していた外国は文句を言ったが……
アイスランドは銀行を見捨てた
そして基本的に政府はお金を使わない……
びんぼ〜〜
各種予算を削って増税もした——
が

医療と教育には優先的にお金を回すようにした!!
緊縮財政にはしなかった!!!
イイジャナーイ
無料だった医療費を有料にしたりはしてます
でもなんで医療と教育デスカ?
おうっおうっ
政府支出乗数が高いから
せ……せい?
政府支出乗数
政府がお金を出すと……
はい
国民
それが将来どれくらい増えるかという数字
増《ふ》えた!!
国民
政府支出乗数が1だと……
政府が出した金額分GDPが上がる
国民
UP!!
国民
IMFはこれを一律0・5だと考えてる
IMF
だよ
半分消えマスカ!?

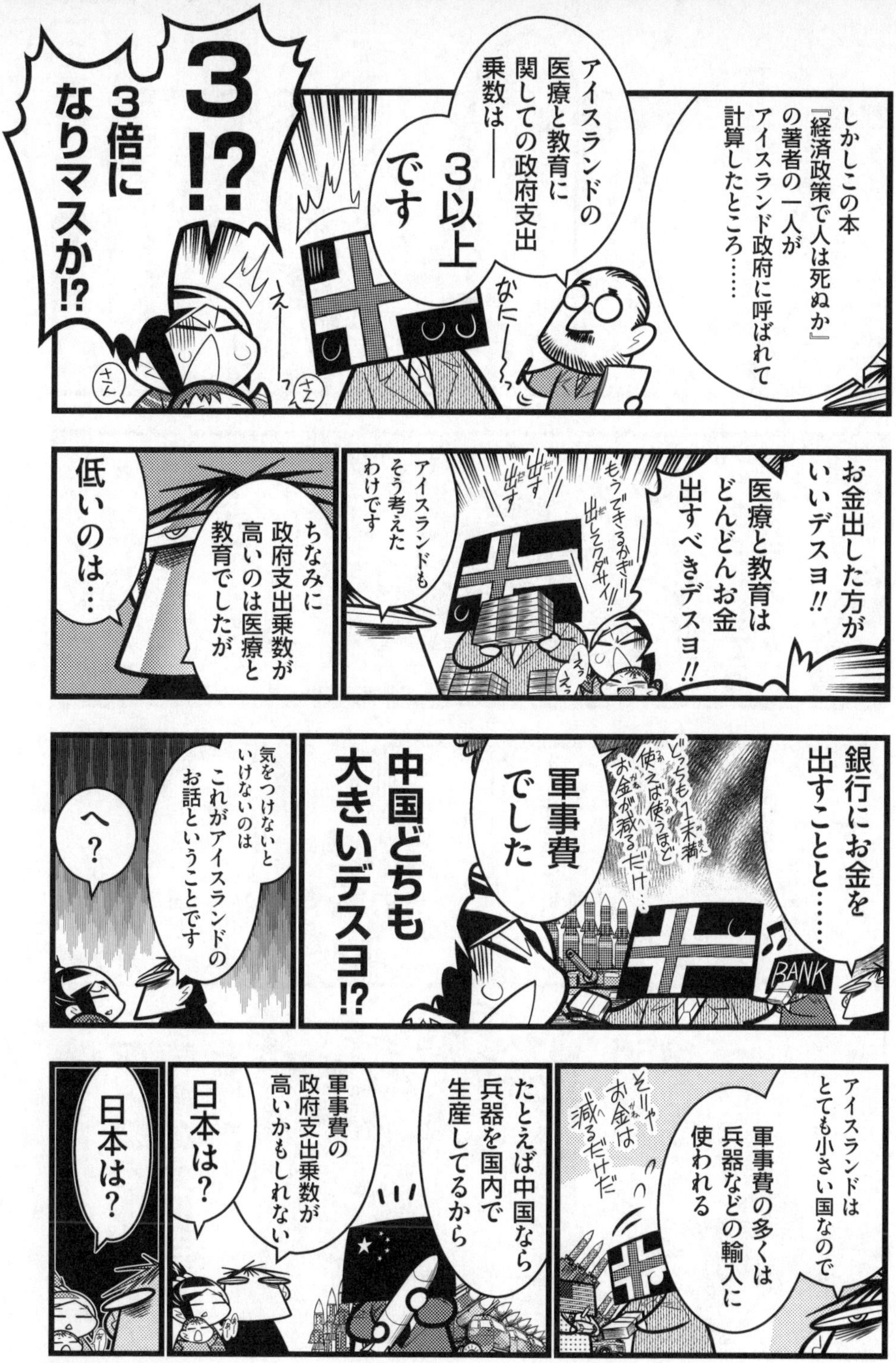
しかしこの本『経済政策で人は死ぬか』の著者の一人がアイスランド政府に呼ばれて計算したところ……
なに——っ
アイスランドの医療と教育に関しての政府支出乗数は——
3以上です
えーーっ
さん
さん
3!?
3倍になりマスか!?
お金出した方がいいデスヨ!!
医療と教育はどんどんお金出すべきデスヨ!!
出《だ》す出《だ》す
もうできるかぎり出してクダサイ!!
えっえっ
アイスランドもそう考えたわけです
ちなみに政府支出乗数が高いのは医療と教育でしたが
低いのは…
銀行にお金を出すことと……
どっちも1未満《みまん》
使《つか》えば使《つか》うほどお金《かね》が減《へ》るだけ…
軍事費でした
BANK
中国どちも大きいデスヨ!?
気をつけないといけないのはこれがアイスランドのお話ということです
へ?
アイスランドはとても小さい国なので
軍事費の多くは兵器などの輸入に使われる
そりゃお金《かね》は減《へ》るだけだ
たとえば中国なら兵器を国内で生産してるから
軍事費の政府支出乗数が高いかもしれない
日本は?
日本は?

日本は……
分かりません……政府支出乗数は研究者が推計するものだそうです……
政府出せばイイジャナイ
そういうものなんだそうです……
う
日本でも子育て支援は政府支出乗数が高いという研究があるそうです
まそれはともかく
ちゃんと出《だ》すいいデス…
アイスランドはこの財政危機の際《さい》に……
消費税を上げてます
消費税UP!!
あ!!
インフレしてるからデスネ!!
そう!!
小さい国で持ってる外貨が少ない……
そして自国通貨が下がりやすい国が……
物価の上昇を防ぐために消費税を上げる
これはアリ!!!
そしてアイスランドは奇跡の大復活をとげた
消費税役に立てマスヨ!!
アイスランドの場合はね
ゲッ
ゲッ
ギリシャは沈《しず》んだままだった…

たとえば
英国《イギリス》──
リーマンショックの時
逆に消費税下げてる
消費税
DOWN
本当に国の状態によって違うんだ
逆《ぎゃく》だ
ひー
まとめると
リーマンショックで破綻しかけたアイスランドは……
BANK
BANK
まず銀行を救わない選択をした
次に財政支出を絞った
しかし 医療と教育には優先的にお金を回した
将来お金が増えるから
そして消費税を上げた!!
UP
所得税《しょとくぜい》も上《あ》げましたよ
これらの政策は全て一つの目的に向かっている!!
国民の福祉を守りつつ財政破綻を防ぐ──
スゴイデス
このように一つの目的のため複数の政策を組み合わせることを
ポリシーミックスという
すばらしいポリシーミックスです
なんでコレ日本できないデスカ？
？
日本の場合は……
世界一の対外純資産を持ってる!!!
他国《たこく》をぶっちぎり
ははは
くっ…
アイスランドとは逆!!
次に日本円は高くなりやすい
日本円《にほんえん》売《う》ってくれ〜
くれ〜
これまたアイスランドと逆!!
日本の消費税の正しい使い方は？
2019ver

消費税を下げる
消費税DOWN
もしくは0%にする
現状で一番合理的な消費税の使い方だ
でももう消費税上がるデショ
もうどうにもならないデショ
上がっても終わりじゃないぞ
上げられたなら同じように下げることもできる
いつでもできる
マレーシアは消費税6%を0%にして個人消費を改善している
日本にもできる!!
逆進性の高い消費税を0《ゼロ》にすれば個人消費が増え最終的には税収も上がる!!
消費税は日本復活のカギになりうる!!
キャアアア

キミ金

令和サバイバル編

アル・シャードのライナーノーツ

今回は消費税を中心にした税の話です。おさらいになりますが、税は負担する人と納税する人が同じ直接税と、負担者と納税者が異なる間接税に分かれます。消費税は間接税の方です。昔は個別の物品ごとに税をかけていましたが、1954年にフランスで一般的な消費全般に掛けられる間接税が「付加価値税」の名前で導入されたのだそうです。

消費税には低所得者ほど負担が重くなる〝逆進性〟の他、様々な特徴があります。その一つが物価に対する影響で、税率を上げると最終的に物価を押し下げる効果があります。

付加価値税は主にヨーロッパで発達しました。その理由の一つに狭い地域に国境が入り組んでいることがあります。マンガの中で紹介されているオランダにベルギーの飛地があるのはバーレ＝ナッサウという町です。ベルギーはオランダから独立してできた国なのですが、独立の際にそれまでの複雑な歴史的経緯が解消されず、飛地ができあがってしまいました。現在ではこの複雑な国境を観光資源として活用しているようです。

マンガで取り上げているアイスランドは、1944年にデンマークから独立した、北大西洋上にある島国です。一人当たりのGDPでは日本より上位の豊かな国でもあります。

ただ、規模が小さなアイスランドの経済は、海外の影響を強く受けます。1983年にはインフレ率が84％にも達したそうです。アイスランドに限らずヨーロッパの小国は自国通貨の乱高下に悩んできた歴史があり、それが共通通貨のユーロを生んだ面があります。

前述のような事情やマンガに描かれたような経緯もあり、リーマンショック直後のアイスランドは大きな危機に見舞われました。しかし、政府の諸政策や、通貨下落の結果、輸出産業や観光産業が高収益をあげたことで、経済的復活を果たしたのです。

もっと詳しい経緯を知りたい方には、『経済政策で人は死ぬか？——公衆衛生学から見た不況対策』（草思社）という本をお薦めします。アイスランド以外の例も書かれており、面白く読めると思います。また、京都大学の柴田《しばた》悠《はるか》准教授による「日本でも教育・医療・子育て支援は政府支出乗数が高い」という研究もあるようなので、興味があれば調べてみてもいいかもしれません。

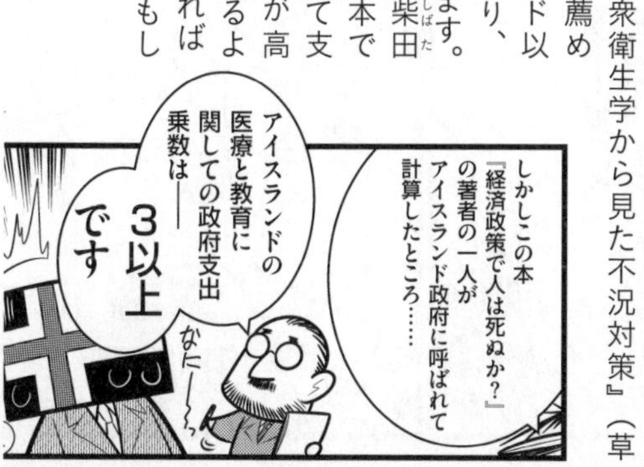
しかしこの本『経済政策で人は死ぬか？』の著者の一人がアイスランド政府に呼ばれて計算したところ……
アイスランドの医療と教育に関しての政府支出乗数は——
3以上です
なに〜〜っ

第9話 キミのお金はその後どうなったか

第10回 お金で豊かになる方法とは

ドーン
集団を作ることを選択したのです
コンニチワ
集団で狩りや農業をやることで不確実な未来に対応する力を得たわけで……
あ――
分からない
は?
前《まえ》やったよねって…
ジンサンの話まわりくどくて分からナイ
だて農業はそんな人間必要ナイデショ
そう!!
ちょっと前まで人類の9割以上が農業などの食糧生産をやってたの
飢えないために!!!
……って第6話でやってるよね……
第《だい》6話《わ》

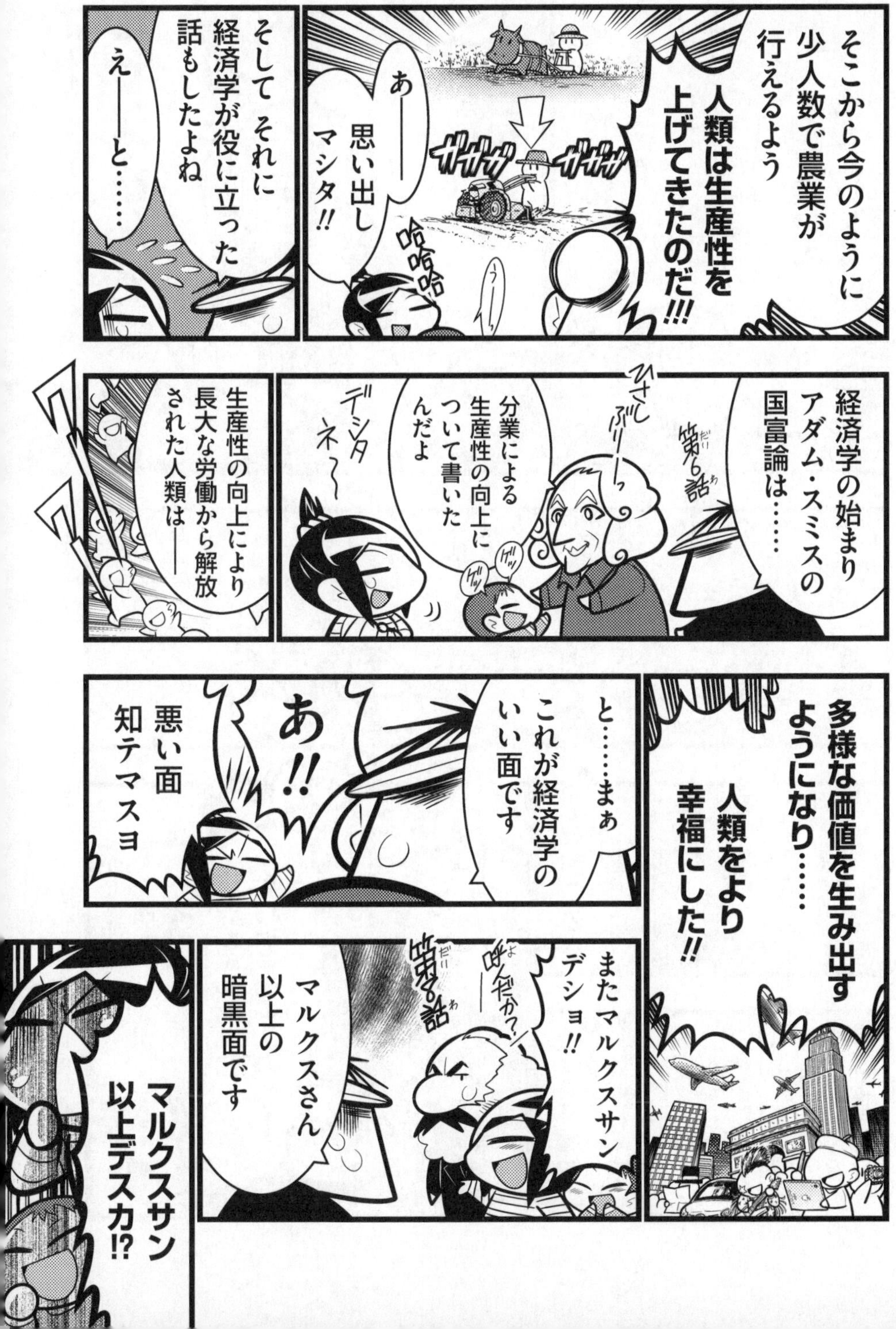

そこから今のように少人数で農業が行えるよう
人類は生産性を上げてきたのだ!!!
ガガガ
ガガガ
哈哈哈
うー
あーー
思い出しマシタ!!
そしてそれに経済学が役に立った話もしたよね
え――と……
経済学の始まりアダム・スミスの国富論は……
第《だい》6話《わ》
ひさしぶりーっ
分業による生産性の向上について書いたんだよ
デシタネ〜
ゲッ
ゲッ
生産性の向上により長大な労働から解放された人類は――
多様な価値を生み出すようになり……
人類をより幸福にした!!
と……まぁ
これが経済学のいい面です
あ!!
悪い面知テマスヨ
またマルクスサンデショ!!
呼《よ》んだかー?
第《だい》8話《わ》
マルクスさん以上の暗黒面です
マルクスサン以上デスカ!?

それがマルサスさんです
じゃ〜ん
いや〜
コンニチワ
誰？
イギリスの
18〜19世紀の経済学者
コロシク〜
そんな悪い人見えないデス
はい
ターチ
マルクスサンのが悪いのカンジ
「サス」はインパクト弱《よわ》いデス
なんとっ
外見で決めないでクダサイ
マルクスよりずっと昔《むかし》の人《ひと》よ
この人はすんごい天才で
ゲッゲッ
あのケインズも賞賛してる
ものスゴい本《ほん》書《か》いてますよ
ゴゴゴゴゴ
しかし……そんな頭がいい人が書いた本が……
世界を大混乱に陥れてしまうのです
初版《しょはん》はよかったのに…
それがこの本『人口論』
人口と経済の関わりについて書いてある
あんぱんまっ
ちがうよ…
ものすごく簡単に言うと……
人口
ふえ〜〜る
ぎゅ〜ん
人口はこのように弓のような線を描いて増える

でも食糧は弓のようには絶対に増えない
食糧
矢のような直線で増える
必《かなら》ず不足《ふそく》がおこる
人口
ぎゅーん
食糧
曲線で増える人口
直線でしか増えない食糧……
つまり食糧は将来必ず不足し
人類は滅亡する
なっ……なんだって――!!

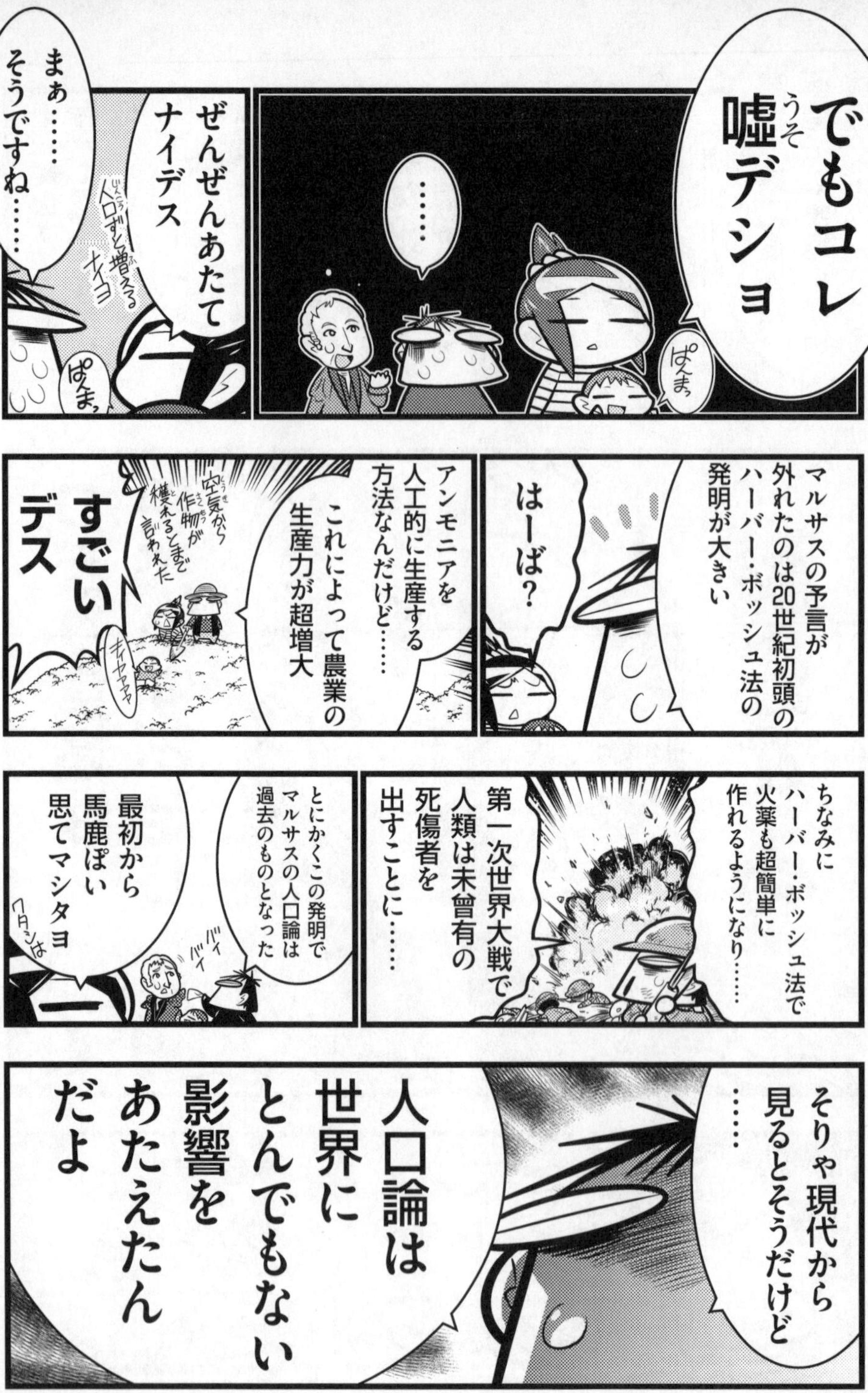
でもコレ嘘《うそ》デショ
ぱんまっ
……
ぜんぜんあたてナイデス
人口《じんこう》ずと増《ふ》えるナイヨ
ぱんまっ
まぁ……そうですね……
マルサスの予言が外れたのは20世紀初頭のハーバー・ボッシュ法の発明が大きい
はーば？
アンモニアを人工的に生産する方法なんだけど……
これによって農業の生産力が超増大
空気《くうき》から作物《さくもつ》が穫《と》れるとまで言《い》われた
すごいデス
キイヤアアヤ
ちなみにハーバー・ボッシュ法で火薬も超簡単に作れるようになり……
第一次世界大戦で人類は未曾有の死傷者を出すことに……
とにかくこの発明でマルサスの人口論は過去のものとなった
バイバイ
最初から馬鹿ぽい思てマシタヨ
ワタシは
そりゃ現代から見るとそうだけど……
人口論は世界にとんでもない影響をあたえたんだよ

まずダーウィンの進化論は人口論の影響で生まれた
若《わか》い頃《ころ》のダーウィン
あ!!
悪くないジャナイ
そしてその進化論を受け
優秀な人間を交配によって生み出し『進化』しようというのが――
あ!!
フランシス・ゴルトン
ナチスが掲げた優生学だ!!
ゴゴゴゴ
ジャーン
あ――っ
ぱん?
そもそも人口論のポイントは――
人間は増えると飢えるので道徳的に減らす必要がある……というもので……
いや
これが当時最先端の科学とされ ナチスだけでなく多大な政府が影響をうけたんだよ……
日本《にほん》の優生保護法《ゆうせいほごほう》とか
共産主義《きょうさんしゅぎ》の計画《けいかく》経済《けいざい》もそう
ああっ
分かりマシタ!!
じゃ
中国の一人っ子政策コレデスヨ!!
ワタシも影響《えいきょう》うけてマスヨ!!
まぁ無関係ではないと思います
さて この人口論最大の問題は――

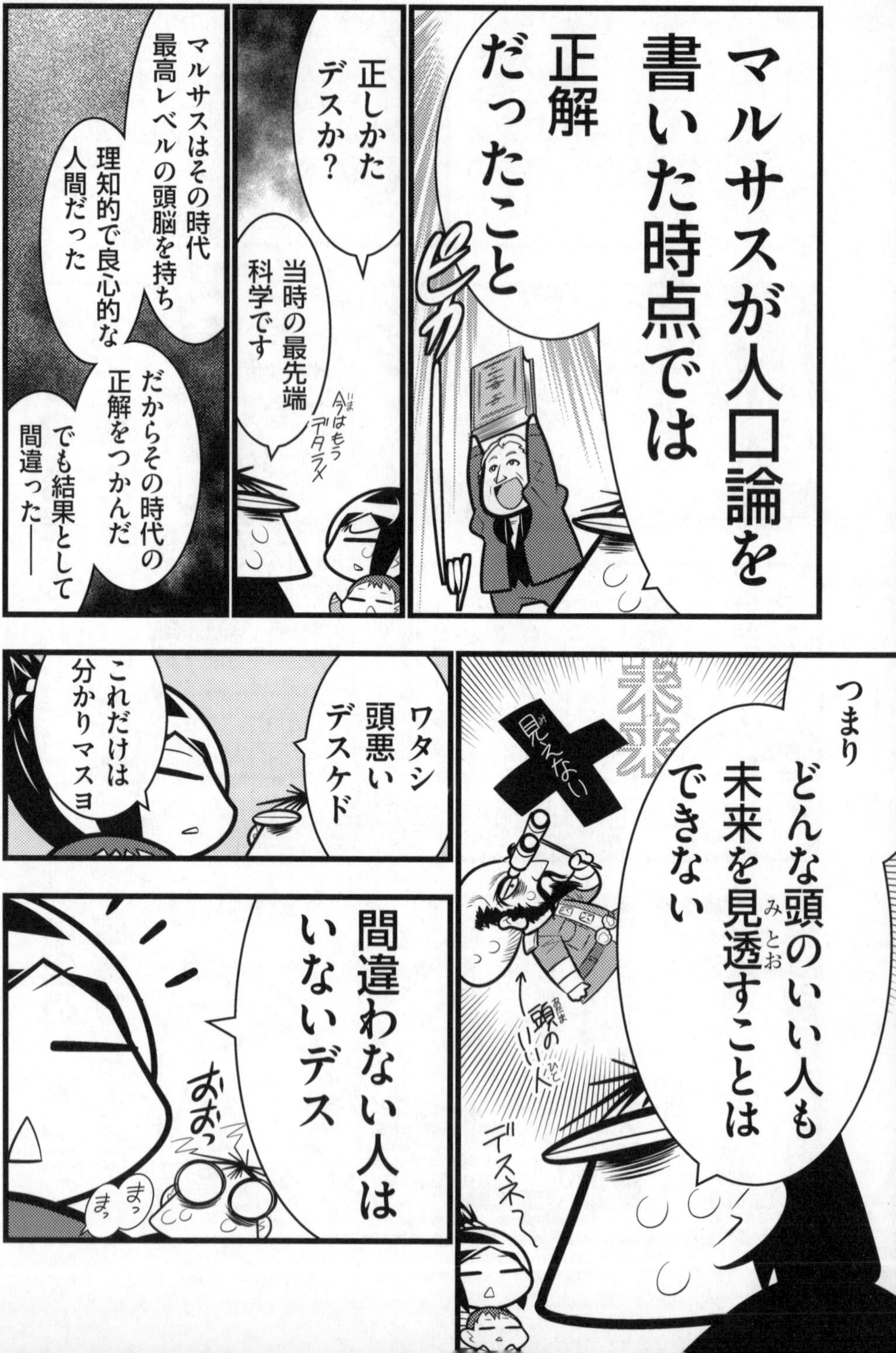

マルサスが人口論を書いた時点では正解だったこと
ピカ
正しかたデスか？
当時の最先端科学です
今《いま》はもうデタラメ
マルサスはその時代最高レベルの頭脳を持ち理知的で良心的な人間だった
だからその時代の正解をつかんだ
でも結果として間違った――
つまり
どんな頭のいい人も未来を見透《みとお》すことはできない
未来
見《み》えない
頭《あたま》のいい人《ひと》
デスネ〜
ワタシ頭悪いデスケド
これだけは分かりマスヨ
間違わない人はいないデス
おおっ
まっ
まっ

ズバッ
そして永遠に正しいこともナイデス!!
おおっ
ズバッ
正しいのは健康だけデス
……
最近の日本の例で言うと――
「財政的幼児虐待」って知ってる?
知らナイ
これは少し前の時代のように政府がお金を使って借金を増やし続けると
国債
お金出して
未来の子供たちが返すお金が増える
つまり政府がお金を使って増税をしないことは――
おらおら
未来の子供たちを虐待してるのと同じって主張!!
これを主張する人たちは……
政府はお金を使うなー!!!
ムダな公共事業するな!!!
公務員減らせ――
老人や貧乏人は自己責任!!!
未来の子供たちを守れ!!!
未来の子供を守れ
で 結果どうなったかというと……

景気が悪くなりすぎ結婚や出産を諦める人が続出……
ヒュ～
あれ？
子供自体が減ってしまった……
その数少ない子供たちに残されたのは……
崩れそうなトンネルや橋、水道管等の劣化インフラ……
先生のいない学校に病院……
どっちが虐待よ!?
ホントデス!!!
だから……もうやめよう
？
なにをデスカ？
ばっ
人口論とか財政的幼児虐待とか
ありもしない未来のために現在《いま》を犠牲にすることを!!!
だって未来は誰にも分からないんだから!!!

18世紀有数の知能でも未来を予測できなかった!!!
現在の我々にもできてない
カッ
ありもしない未来より現在《いま》を見るべきだ
しゃかしゃか
ぱんまっ
でも未来またく見ないはできないデショ
世の中回らなくなりマスヨ
そこで月《ゆえ》サンが言った言葉ですよ
うっ
間違わない人間はいない
人間は……そして政府は常に間違う可能性がある
それを知っていること
それが重要なのです
さすが月《ゆえ》サン
そデスカ
ぱんまっ
しゃかしゃか
でも何を基準に間違てる判断しマスか?
より多《おお》くの人《ひと》が参加《さんか》してるものは間違《まちが》いに気付《きづ》きやすい!!
あー
市場です
市場を否定するとたいへんなことになるのは第8回で描いたとおりです
そして……
より多くの人々が豊かに幸福に生きられる方法は?

それは市場が活発であること
キャアアア
市場を活発にするには物価が安定してること
物価の安定とは2～4％のインフレであること
物価UP
第《だい》2話《わ》
または1巻《かん》第《だい》4話《わ》
市場が活発であれば多くの人が職につくことができ欲しい物 サービスを手に入れる可能性が上がる……
ぱくっ
幸福《こうふく》になる可能性《かのうせい》も上《あ》がる
それは地位財的には暗黒の世界かもしれないけどね
第《だい》3話《わ》ね
地位財《ちいざい》で幸福《こうふく》になるはダメヨ!!
そのために日本で必要なのは
消費税減税と財政支出だと思うけど——
第《だい》0話《わ》
日銀
そう思わない人がいてもいいんだよ
分かりマスヨ
大事なのは知ることデショ
自分たちで考えることデショ
キャアアア
このマンガが そのきっかけになるといいと思ってます
どんなエラい人も間違《まちが》えマスヨ!!
もっと経済《けいざい》に興味《きょうみ》を持《も》とう!!

キミ金

令和サバイバル編

アル・シャードのライナーノーツ

今回は未来を見通すことの難しさの話です。具体例として紹介したトマス・ロバート・マルサスと彼の著作の『人口論』ですが、本来の目的は、「貧困は社会の問題であり、個々人を啓蒙するのではなく社会全体で解決すべき」という主張をするためだったといわれています。

マルサスの主張は「人口抑制によって人々を貧困から救おう」というものなのですが、それが断種（手術によって生殖能力を失わせること）や、ダーウィンの進化論を通じて優生学や共産主義にも影響を与えた結果、多くの人間に不幸をもたらしました。

しかし難しいからといって、我々は未来を予測せずに行動できません。そこで、お金の持つ「測る」機能が重要になります。例えば、マンガにも登場した「財政的幼児虐待」は、「次世代の為《ため》に財政赤字の拡大を防ごう」という考え方です。これは、「むやみに財政赤字を拡大しない」という範囲でなら間違いではありませんが、デフレになるほど増税したり財政支出を減らしたりするのは、やり過ぎです。

少し前の日本人が正しい知識を持ちお金で政策を測れていれば、デフレになった段階で増税や財政支出削減をし過ぎたと判断して対応できたでしょう。そうすれば「ロスジェネ」などと呼ばれる「雇用を経済政策の失敗で奪われた人たち」を生まずにすみ、財政赤字は今より少なかったでしょう。雇用が正常なら税収はもっと増えたはずだからです。

私たちは市場という場を通じ、お金を介して生きるのに必要なものを手に入れます。だから、お金の動き方や大きさを測ればその社会に暮らす人々の生活状態がわかるのです。

例えばGDPが増えるということは、一般の人々の所得が増えるということで、雇用が健全だということです。そういう状態であればより多くの人の、お金がなくて生活に困る可能性を下げられます。

いまさらかもしれませんが、お金を測ることは、「不幸な人が増えていないか」を測ることともいえるでしょう。

これは経済というよりは政治の話ですが、一度政策を決めると方針を転換するのは大変です。なるべくなら大ごとになる前に、なってしまったら可能な限り速やかに事態を収拾した方が、不幸になる人を減らせます。ではどうすればお金を測った結果をきちんと政策に反映させられるでしょうか？

おそらく、なるべく多くの人がお金に興味を持って、正しい測り方を知るのが一番確実な方法だと思います。そして、このマンガを読むことで、あなたはそのための一歩をすでに踏み出しているのです。

第10話 キミのお金はその後どうなったか

マルサスさん不幸《ふこう》
うー

というわけで世界を大混乱に導いてしまったマルサスさんだが……
ゲゲ
『人口論』で彼が本当に言いたかったことはほとんど伝わらなかった……
それはナンデスか?
貧乏な人がいるのは――
貧乏な人のせいじゃない
この世界の構造として必ず食べられない人が出るんだから……
ぐるるる
貧困《ひんこん》は個人《こじん》のせいではない
うっ…
貧困には社会として取り組まないとならないんだ!!
へー
僕がほめたのもここよ
ゲッ
いいコト言てマスネ〜
ワタシもそう思《おも》いマスヨ!!
いや〜
ところが世界はそこを無視して
ゲッ
限りある食糧をどう優先的にわりふれば国が発展するのか!?
生き残る優秀《ゆうしゅう》な人間《にんげん》を選別《せんべつ》しよう!!
優秀《ゆうしゅう》な人間《にんげん》が計画的《けいかくてき》に人口《じんこう》を統制《とうせい》しよう!!
というかいかに優秀な人間を選別し劣った人間を淘汰するかという思想に走ったんだね……
……
マルサスさんかわいそデス

45678.12

あとがき
前のページまでは2018年9月～2019年7月まで文芸カドカワとnoteに連載したもの……
そしてここからは2019年5月にかいてます
中国に家族で来てマスヨ
詳《くわ》しくは中国嫁日記《ちゅうごくよめにっき》みてクダサイ
今の時点で2019年10月の消費税増税がどうなってるかは分かりませんが……
…できるなら延期していて欲しいですが……
ゲッ
ゲッ
してて欲しいデスネ～
もししてない場合もしくは今後消費税が増税された時のために——
消費税増税しても生き残るサバイバル術!!
おーっ
By飯田先生
をお送りしたいと思っております
カッ
カッ
監修
良いデスネ～
とても良いデスネ～
みんな知りたいデスヨ
消費税が上がっても豊かに暮らしていく方法……
ジリ
ジリ
その方法とは——

「消費税で増える
出費の分だけ
節約する」です!!!
ドン
あ……
あたり前
デスヨ?
それが
簡単できるなら
苦労しませんヨ
それが
比較的簡単に
できる方法が
あるのです
あーのデス
出費の一番大きい
ところを節約する
はあ?
出費の小さい
ところから節約
しようとしても
オヤツなし!!
額が小さいので
節約する物が
膨大に
なっちゃう
そんなの
精神的に
続かない
オイ
大きいトコから
削った方がいい

そこで問題です!!
家計で最大の出費はなんでしょう?
ズバッ
電気代?
……
まぁ電気代も高いですが……
もっと高いのあるでしょ?
?
さて!! あらためて問題です!!
家計最大の出費とは?
牛乳代!!
……
……
……
……

家賃でしょ!?
あーー
うち…そんな
牛乳代が高いの?
くわー
そんな高い
ナイデスケド
ムダ削るテ
牛乳は
なくても
死なない
ダカラ
なりー〜
北海道の人が
聞いたら怒るよ……
豆乳《とうにゅう》の国《くに》から
来《き》た人《ひと》は
困《こま》る…
もー
もー
もー
あと うちは家賃なくて
ローンだから「削る」は
考えなカタヨ
スミマセン
質問《しつもん》悪《わる》いデス
うー
必《かなら》ず払《はら》いマスヨ
それはそうと
ではどうやって
家賃を下げるか
ですが……
一番
簡単なのが
都会から
離れること
?
デスカ?

日本は人口が減っておりますので……
ちょっと田舎に行くと家が余ってて
本当に驚くくらい安かったりします
そんな遠くじゃなくても安かったりするから驚きだよね――
ねーっ
じゃあみんな田舎住むとイイデスカ？
その通り
つまり消費税対策は田舎に引っ越す！
ただし
例外もある
しー
あなたの職場が都会にある場合――
田舎に引っ越すのはおすすめしません
なぜデスか？
?
移動のコストがかかるから!!
ぎゅうぎゅう
コストは交通費だけではありません
満員電車等の肉体的・精神的コストもバカになりません

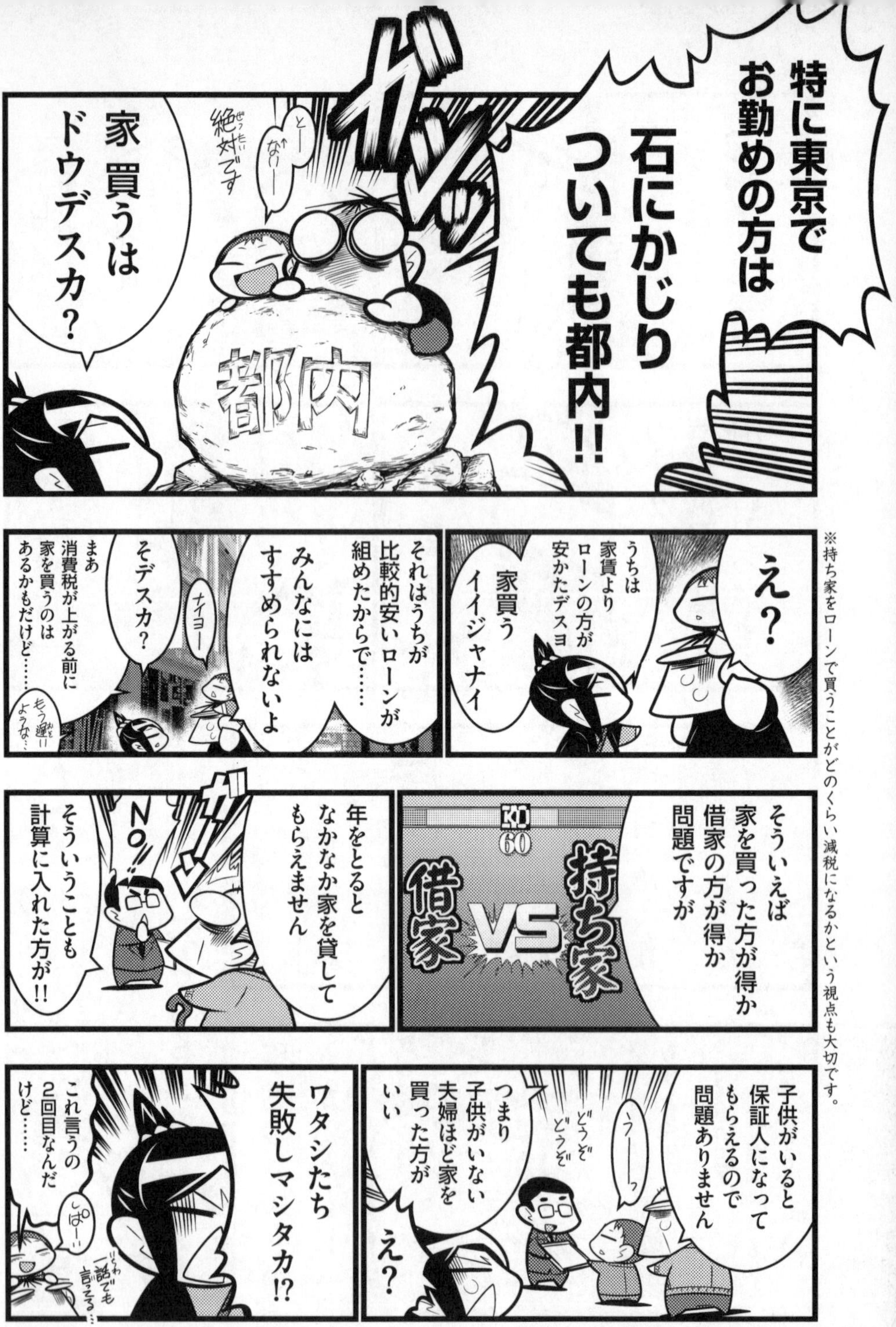
特に東京でお勤めの方は
石にかじりついても都内!!
ガン
都内
とーなりー
絶対《ぜったい》です
家買うはドウデスカ？
え？
うちは家賃よりローンの方が安かたデスヨ
家買うイイジャナイ
それはうちが比較的安いローンが組めたからで……
みんなにはすすめられないよ
ナイヨー
そデスカ？
まあ消費税が上がる前に家を買うのはあるかもだけど……
もう遅《おそ》い!!ような…
そういえば家を買った方が得か借家の方が得か問題ですが
KO
60
持ち家
VS
借家
ガ
NO!!
年をとるとなかなか家を貸してもらえません
そういうことも計算に入れた方が!!
子供がいると保証人になってもらえるので問題ありません
うーっ
どうぞどうぞ
つまり子供がいない夫婦ほど家を買った方がいい
え？
ワタシたち失敗しマシタカ!?
これ言うの2回目なんだけど……
しぱー
一話《いちわ》でも言ってる…

※持ち家をローンで買うことがどのくらい減税になるかという視点も大切です。

今回のお話 実行できる人 少ないジャナイ
そうだね……
じゃーない〜
仕事する場所が選べて 引っ越すお金がある人に しか意味がないね
そして そういうお金が ある人が 消費しなく なるわけで……
これからは節約《せつやく》します!!
そりゃ 不景気にもなる
お金のない人は どうナリマスカ?
あーっ
ただお金を 失うだけ……
キミのお金《かね》は消費税《しょうひぜい》に消《き》える……
片やお金持ちほど 影響が少ない!!
これが悪評高き 消費税の 逆進性だ
ぎゃくしん…せい?
?
税の基本は 持っている 人から取って 持っていない人に 渡すものだけど
お金持《かねも》ちは使《つか》えるお金《かね》も大《おお》きい!!
消費税は 貧乏人ほど 取られる比率が 大きい
貧乏な人ほど 苦しむ……
あーっ
でも何言ても 消費税 上がるデショ
10月に上がら なくても そのうち 上げるデショ
今なに書いても ムダじゃナイ?
ズバッ
消費税は必ず 上がるのだから このマンガは ムダなのか?

たとえ消費税が絶対に上がるとしても
その直前まで反対し続けることはムダじゃない
あーっ
いつか間違いを明らかにできるからだ
消費税が上がり不景気になった時に――
やっぱり増税は失敗だったんだ!!
消費税《しょうひぜい》下《さ》げろー!!
と言える人が増える
政府は間違えた言わないデスカ?
…言わない
あっあー
消費税《しょうひぜい》以外《いがい》のせいにするのよ……
これまでを見《み》てると
それに消費税10%になったからって終わりじゃない
消費税DOWN
いつか下げることだってできる
その日《ひ》のためにもムダじゃない
とにかく将来は我々の手にあるんだ
世界は常に変えられる
とりあえず選挙には行こう!!
というわけで消費税まわりが多かったけど……
今回はこれで終わりです
下《お》りて下《お》りて
ヤーッ
おもしろかたデスヨ
前《まえ》より分《わ》かりやすくナタ!!
下《お》りて下《お》りて
ヤーッ
デスネ～

キミ金 令和サバイバル編

アル・シャードのライナーノーツ

消費税率が引き上げられた場合、それぞれの家計では使えるお金が減るので、支出を減らすことになります。マンガの中に描かれているのは、「支出の中で一番金額の高いものを削るのが実現しやすい削り方のコツ」だということですね。

とはいえ、各家計が消費税増税分を削れば済む話ではありません。例えば、消費税は企業も負担します。負担分のコストカットのために、労働者の首切りをした場合、失業した人は「消費税率引き上げ分を節約すればよい」では済まなくなるわけです。

そして、この仕組みが消費税が物価を引き下げる力を生みます。今の日本のように物価が上がらない状況で税率を引き上げるのは言語道断ですね。

次に消費税の持つ「逆進性」について説明します。政府が「公平に」課税することに反対する人はいないでしょう。問題は何をもって公平とするかです。例えば税を支払うことを「行政のサービスを買う」と考える人にとっては、受けるサービスによって誰もが同じ金額を支払う、いわば「定額」が公平となります。それに対して、「所得に差があるのだから、それに応じて支払うべき」と考えるなら、所得に対して「定率」で支払うのが公平となるでしょう。

一方で、「生活費を払った後に残せる金額」に注目した場合、所得が大きい人は多く税負担できるのだから、所得の多い人の負担を増やす方が公平だと考えることもできます。こういう考え方の税制を「累進課税」と呼びます。

逆進性は累進性の逆、つまり所得の少ない人に負担のかかる税制という意味です。

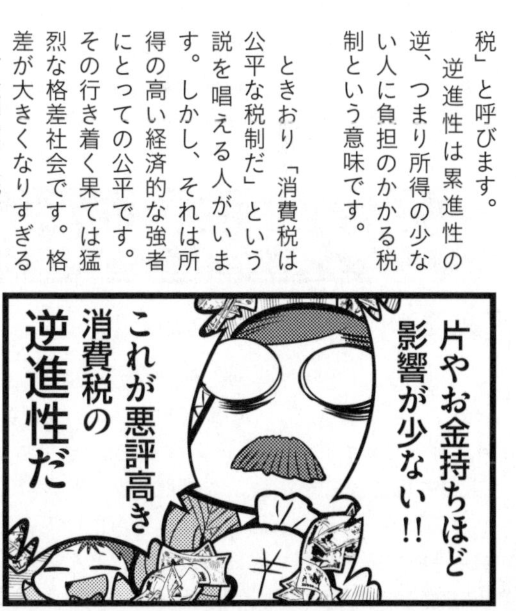
片やお金持ちほど影響が少ない!!
これが悪評高き消費税の逆進性だ

ときおり「消費税は公平な税制だ」という説を唱える人がいます。しかし、それは所得の高い経済的な強者にとっての公平です。その行き着く果ては猛烈な格差社会です。格差が大きくなりすぎると、総需要の低下を招いて経済が停滞していくので、やがて今は税負担能力が高い人を巻き込んで、社会全体を貧しくしていくのです。

ともあれ、税制は合理性だけで決まるものではありません。最終的には政治的に決めるものです。だから、消費税率引き上げに賛成であれ反対であれ、自分の意思を示していく必要があります。

まずは、どんな政治家がどんな主張をしているのかに耳を傾けましょう。その上で、有権者ひとりひとりが選挙に行って選択することになるのです。

キミ金人物伝

キミ金に出てきた実在の人物をピックアップ。
知らなくてもいいけど、知ってればもっとお得な知識です！

アイザック・ニュートン Isaac Newton

1642年～1727年

その計算ミスが世界を変えた!?

万有引力の法則の発見者として知られる物理学者、天文学者、数学者。学者以外の業績として、王立造幣局に勤めていた際、贋金製造組織の取り締まりを徹底して、組織の親玉を逮捕し死刑に追い込んだとか。また、この時期に金貨と銀貨の交換比率（兌換率）を計算したのだが、実際の交換比率を見誤ったことが金本位制成立の一因になったと言う人もいる。

アダム・スミス Adam Smith

1723年～1790年

「経済学の父」が生まれたわけ

スコットランド出身の学者。『国富論』の著者。「経済学の父」と呼ばれる。「労働価値説」や、利己的な経済活動が効率的な投資と経済成長をもたらすという「自由主義経済」を主張。スコットランドは1707年にイングランドと連合王国となり、彼が生きていた頃に産業革命や資本主義が勃興し始めた。そんな時代の影響が、彼を近代的な経済学の祖にしたのかもしれない。

カール・ハインリヒ・マルクス　Karl Heinrich Marx

資本論
1818年～1883年

滅びぬ中二病的スピリッツ

プロイセン（現在のドイツ）出身の革命家、思想家、経済学者。「一個の妖怪がヨーロッパを徘徊している——共産主義という名の妖怪が」や「万国の労働者よ団結せよ」など、彼とその仲間の中二病的な煽りは人々を惹きつけ、後に世界を二分する勢力を生んだ。ソビエト崩壊などで権威は衰えたものの、近年アニメの主人公になるなど､残した影響力はまだまだ大きい。

ジョン・メイナード・ケインズ　John Maynard Keynes

1883年～1946年

洒脱な比喩や警句を残した巨人

イギリスの経済学者。マクロ経済学を確立し、経済活動における不確実性の影響を強く訴えた人。経済学者以外の経歴として、第一次世界大戦終結後のパリ講和会議にイギリスの大蔵省首席代表として参加。ただし、苛烈すぎる対独賠償要求に反対して途中で辞任している。投資を美人コンテストに例えるなど、いくつもの面白い比喩や警句を残した人でもある。

ミルトン・フリードマン　Milton Friedman

1912年～2006年

「市場大好き」なノーベル賞学者

アメリカの経済学者。1976年にノーベル経済学賞を受賞。貨幣供給量により経済全体の動きが大きく左右されるという「マネタリズム」を提唱。一方で公共事業などの財政支出を「市場を歪める」と批判した。彼と彼の学派の主張に従い、先進諸国は財政支出を減らす「小さな政府」を志向したが、そのことが現在の格差拡大や経済の低成長につながったとの批判もある。

井上純一（いのうえ　じゅんいち）
TRPGデザイナー。漫画家。
玩具会社「銀十字社」代表取締役。
代表作：スタンダードRPGシリーズ（SRS）『アルシャードセイヴァーRPG』
『エンゼルギア天使大戦TRPG The 2nd Edition』『天羅WAR』他。
著作に『中国嫁日記』『中国工場の琴音ちゃん』などがある。

※本書は、「文芸カドカワ」2018年10月号から2019年7月号に掲載されました。
単行本化にあたり加筆を行っています。

キミのお金《かね》はどこに消《き》えるのか　令《れい》和《わ》サバイバル編《へん》

2019年 8月28日　初版発行

著者／井上《いのうえ》純《じゆん》一《いち》
企画協力／アル・シャード

発行者／郡司 聡

発行／株式会社KADOKAWA
〒102-8177 東京都千代田区富士見2-13-3
電話 0570-002-301（ナビダイヤル）

印刷・製本／図書印刷株式会社

装丁／関善之（ボラーレ）
本文デザイン／原田郁麻

ISBN 978-4-04-108567-7　C0095